2020 年度陕西省社会科学基金项目（2020D012）资助

乡村振兴背景下返乡人员创业问题研究

——以陕西省为例

牟小刚　著

中国财经出版传媒集团

经济科学出版社

Economic Science Press

图书在版编目（CIP）数据

乡村振兴背景下返乡人员创业问题研究：以陕西省为例/牟小刚著. -- 北京：经济科学出版社，2022.6
ISBN 978 - 7 - 5218 - 3774 - 2

Ⅰ. ①乡… Ⅱ. ①牟… Ⅲ. ①民工 - 创业 - 研究 - 陕西 Ⅳ. ①F249. 214②D669. 2

中国版本图书馆 CIP 数据核字（2022）第 106127 号

责任编辑：高　波
责任校对：孙　晨
责任印制：邱　天

乡村振兴背景下返乡人员创业问题研究
——以陕西省为例
牟小刚　著

经济科学出版社出版、发行　新华书店经销
社址：北京市海淀区阜成路甲 28 号　邮编：100142
总编部电话：010 - 88191217　发行部电话：010 - 88191522
网址：www. esp. com. cn
电子邮箱：esp@ esp. com. cn
天猫网店：经济科学出版社旗舰店
网址：http://jjkxcbs. tmall. com
北京时捷印刷有限公司印装
710×1000　16 开　14. 75 印张　206000 字
2022 年 7 月第 1 版　2022 年 7 月第 1 次印刷
ISBN 978 - 7 - 5218 - 3774 - 2　定价：75. 00 元

前言

Preface

人才是乡村振兴的关键，乡村人才队伍是乡村人才振兴的重要组成部分。乡村振兴的各方面决策部署都需要有人来实施，更需要人才来创新发展，加强乡村人才队伍建设是实现乡村振兴伟大事业的重要举措。改革开放以来，随着城市化进程的快速推进，农村大量劳动力流向城市，加之城乡发展不平衡、乡村发展不充分也阻碍了乡村人才的培养和引进，乡村人才引进难、培养难、留住难制约着乡村的发展，也将影响乡村振兴战略的实施。党的十九大报告提出实施乡村振兴战略，按照"产业兴旺、生态宜居、乡风文明、治理有效、生活富裕"的总要求，建立健全城乡融合发展的体制机制和政策体系，加快推进农业农村现代化。这是以习近平同志为核心的党中央在新时代对"三农"工作作出的符合中国社会发展方向和发展目标的战略部署。返乡创业是提供人力资源、人力资本的重要渠道，是城市资源流向农村，城市支持乡村的重要方式。返乡创业通过人力供给、专业供给和知识供给的方式，满足乡村发展、乡村建设、乡村治理的各类需求，解决乡村产业振兴所面临的人才短缺、劳动力流失等现实问题，为我国农业农村现代化提供坚实的人才保障。随着乡村振兴战略的全面实施，如何让更多的外出人员愿意回到乡村、留在乡村、干在乡村、出彩在乡村，全面增强农村发展活力是乡村振兴中有待进一步深入研究的课题，也是社会各界，尤其是政府高度关注的问题。

全书共分 10 章。第 1 章为导论，主要介绍了研究背景、研究意义、研究现状、研究目标、研究方法、总体框架、重点难点。第2章为乡村振兴战略与理论回顾，阐述了乡村振兴战略提出的历史背景，乡村振兴战略的科学内涵，乡村振兴与返乡创业的互动关系；阐释了创业、创业者等关键概念，并结合本研究调查对象，对"返乡创业者"进行明确界定；研究了资源基础理论、创业特质理论、创业过程理论、创业机会理论、绩效评价理论，为后续研究内容提供理论依据。第3章为创业扶持政策梳理，系统梳理了党中央国务院、陕西省及省内部分地市近年来制定出台的相关创业扶持政策、政策要点，概况归纳了不同时期创业政策特点，为构建系统完备的返乡创业支持体系提供政策依据。第4章为陕西省返乡创业现状分析，主要以统计性描述法和案例分析法，分析了返乡创业的基本特点、经济社会效应、面临的主要问题、政策实施效果，并简要归纳了陕西省扶持返乡创业的主要政策措施，为后续研究内容的确定及政策体系构建提供实践依据。第5章为返乡创业者创业绩效影响因素分析，基于231位返乡创业者的问卷调查数据和实地调研，运用二分类 Logistic 回归模型，实证分析了返乡创业者创业绩效的影响因素，为后续指标体系的建构提供基础。第6章为影响创业政策满意度的路径分析，基于理论研究和问卷调查，提出影响创业政策满意度的理论机理分析框架，运用多元回归分析法实证检验返乡创业者个体因素、政策知晓度、政策利用难易度、创业氛围等因素对创业政策满意度的影响路径，并计算路径系数。第7章为影响创业政策绩效的因素分析，从政策宣传、政策执行、政策效果三个方面选取15个影响因素，运用主成分分析法、满意度测评法，对15个影响创业政策绩效的因素进行实证分析，并结合四分图模型，确定每个影响因素的定位区间。第8章为创业政策绩效评价实证研究，结合创业政策文件中的政策类型及课题调研结果，构建了一个包括政策宣传、政策执行、政策效果、政策反馈、工作服务5个一级指标，政策知晓度、政策利用难易度等21个二级指标在内的创业政策绩效评价指标体系，运用模糊综合评价法对陕西省创业政策绩效作出分层评价和总体评价，为后续政策建议提供实证依据。第 9 章为促进陕西省返乡创业发展的政策体系构建，在深入分析创业现状的基础上，结合实证研究结论和调研结果，提出陕西省返乡创业政策体系构建的指导思想、基本原则，并从优化创业环境、健全创业服务、加大财税支持、创新金融服务、强化要素保障、打造创业平台、加强创业培训、加强市场开拓、加强示范引导九个方面提出完善陕西省返乡创业政策体系的建议，为返乡创业者营造良好的发展环境。第 10 章为结论与展望，总结本书的主要研究结论，指出研究中还存在的不足之处，并提出进一步深入研究的设想。

通过本书相关内容的研究，能够让陕西省创业政策制定者及相关部门深入了解返乡创业的现状，政策执行情况和实施效果，为进一步完善政策措施提供决策参考。这对激发陕西省乡村产业活力有一定的帮助；对如何吸引更多外出人员返乡创业，以创业带动就业，巩固拓展脱贫攻坚成果、解决乡村就业、带动农户增收、实现乡村产业振兴、助力县域经济高质量发展，具有一定的现实指导意义。

牟小刚

2022 年 5 月

目 录 Contents

第 1 章　导　　论

1.1　研究背景及意义

1.1.1　问题的提出

如何在人口不断向城市集中的同时，避免乡村空心化并重塑乡村的优势是乡村振兴要破解的一个关键难题。随着各级政府的高度重视和各类创业扶持政策的出台，越来越多的外出人员返回家乡从事创新创业。据我国农业农村部统计，2020 年全国①各类返乡入乡创业创新人员达到 1010 万人，同比增长 19%，形成了农民工、大学生、退役军人、妇女四支创业队伍，平均每个返乡创业创新项目可吸纳 6.3 人稳定就业、17.3 人灵活就业（郁静娴，2021）。2021 年我国返乡入乡创业人员达 1120 万人，比 2020 年增长 110 万人，农民工、大学生、退役军人、科技人员等成为返乡入乡创业主力，创业项目 80% 以上是一二三产业融合项目，平均每个双创主体能带动 6.5 个农民就业，创业业态越来越丰富，带动就业能

---

① 本书中的全国性研究数据不涉及港、澳、台地区，后面不再赘述。

力越来越强①。返乡创业带动了各类生产要素流向农村，促进城乡间形成人才互动、要素互动、信息技术互动的融合发展新格局，将乡村资源转化为乡村资产、乡村优势转化为经济价值，实现乡贤反哺乡村，带动农民共同致富。同时，返乡创业者通过创办农产品加工业、农业产业化联合体、采取"公司＋农户"模式，将小农户与大市场、分散农业与规模农业有效对接，不仅为农户创造更多的就业岗位，也为脱贫户创造持久稳定的收入来源，更为解决相对贫困提供重要支撑。近年来，党中央、国务院高度重视返乡创业工作，制定出台了一系列扶持返乡创业的政策文件，如《国务院办公厅关于支持返乡下乡人员创业创新促进农村一二三产业融合发展的意见》《关于推动返乡入乡创业高质量发展的意见》等，分别从优化创业环境、健全创业服务、加大政策支持、建设创业园区等方面提出具体措施，鼓励和支持返乡下乡人员创业创新。陕西省委省政府坚决贯彻落实党中央、国务院决策部署，把创业创新作为全省重大战略任务进行部署实施，从简化市场准入、提高创业服务质量、落实减税降费、加大小额担保贷款、落实用地用电等方面给予创业者政策扶持。在全面推进乡村振兴进程中，要进一步发挥以创新促进创业，创业带动就业，促进城乡融合发展就必须不折不扣落实好创业扶持政策，提高创业绩效，提升创业政策实施效果，营造浓厚的创业文化氛围，以吸引更多外出人员返乡创业。"当前，返乡创业呈现哪些基本特点？返乡创业的经济社会效应如何？创业面临哪些主要问题？创业政策实施效果如何？如何科学评价创业政策的绩效水平？如何构建系统完备的返乡创业支持体系？如何让更多外出人员愿意回到乡村、留在乡村、干在乡村、出彩在乡村，全面增强农村发展活力是乡村振兴中值得深入研究的重大实践课题"。

---

① 农业农村部 . 2021 年我国农村就业创业取得新进展 ［EB/OL］.（2021－12－30）［2022－1－30］. http：//www. moa. gov. cn/ztzl/ymksn/spbd/xwlb/202112/t20211231_6386081. htm.

1.1.2　研究背景

历史和现实都告诉我们，农为邦本，本固邦宁。从中华民族伟大复兴战略全局看，民族要复兴，乡村必振兴。从世界百年未有之大变局看，稳住农业基本盘，守好"三农"基础是应变局、开新局的"压舱石"。改革开放以来，随着小城镇建设战略、城乡统筹与社会主义新农村建设战略、美丽乡村建设等一系列强农惠农政策的实施，农村面貌整体上发生了翻天覆地的变化，农业综合生产能力迈上新台阶，质量效益和竞争力不断提升，农民的幸福感获得感不断增强。但是，随着人口不断向城市集中，农村劳动力"青黄不接"、农业"后继无人"，以及"空巢老人""留守妇女""留守儿童"等已成为不容忽视的社会现象，促使农村发展战略必须再提升。为此，党的十九大报告提出实施乡村振兴战略，要坚持农业农村优先发展，按照"产业兴旺、生态宜居、乡风文明、治理有效、生活富裕"的总要求，建立健全城乡融合发展的体制机制和政策体系，加快推进农业农村现代化。培养造就一支懂农业、爱农村、爱农民的"三农"工作队伍。这是以习近平同志为核心的党中央在新时代对"三农"工作作出的符合中国社会发展方向和发展目标的战略部署，与我国改革开放以来的农村发展战略一脉相承并与时俱进。

在当前百年未有之大变局和新冠肺炎疫情的冲击下，越来越多的外出人员返乡创业，他们带回了资金要素、技术方法、市场观念、管理理念、项目投资等，已成为我国"双创"的重要力量，也是加速新型城镇化、助力乡村振兴的重要生力军。在乡村振兴战略背景下，返乡创业者不仅可以通过创业提高自身经济收入、生活水平，实现个人价值，而且为当地创造更多就业岗位，为经济发展和城镇建设注入活力。返乡创业在乡村全面振兴进程中正发挥着积极的推动作用。自2004 年中央一号文件主题重回"三农"工作以来，党中央、国务院连续 19 年发布以"三农"为主题的一号文件,坚持把解决好"三农"问题作为全党工作重中之重,把农业农村现代化作为国家现代化的优先任务。其中,增加农民收入一直是政策聚焦的重点,而返乡创业是提高农村就业水平、增加农民收入、促进产业振兴的有效途径。2007 年中央一号文件首次提出,"采取各类支持政策,鼓励外出务工农民带技术、带资金回乡创业,成为建设现代农业的带头人。支持工商企业、大专院校和中等职业学校毕业生、乡土人才创办现代农业企业。"这一政策的提出与实施,对激发多元主体创业活力起到了极大的推动作用,为外出人员回乡创业注入了强大的信心。2008 年中央一号文件提出,"加快提高农民素质和创业能力,以创业带动就业,实现创业富民、创新强农。"2009 年中央一号文件提出,"落实农民工返乡创业扶持政策,在贷款发放、税费减免、工商登记、信息咨询等方面提供支持,充分挖掘农业内部就业潜力,拓展农村非农就业空间,鼓励农民就近就地创业。"2010 年中央一号文件提出,"积极开展农业生产技术和农民务工技能培训,完善促进创业带动就业的政策措施,将农民工返乡创业和农民就地就近创业纳入政策扶持范围。"2012 年中央一号文件提出,"大力实施科技特派员农村科技创业行动,鼓励创办领办科技型企业和技术合作组织。大力培育新型职业农民①,对未升学的农村高初中毕业生免费提供农业技能培训,对符合条件的农村青年务农创业和农民工返乡创业项目给予补助和贷款支持。"这是在中央一号文件中首次提出"新型职业农民",使农民由过去的"身份化"向"职业化"转型,为农业农村现代化指明了新的方向。2013 年中央一号文件提出,"创造良好的政策和法律环境,采取奖励补助等多种办法,扶持联户经营、专业大户、家庭农场。大力培育新型农民和农村实用人才,着力加强农业职业教育和职

---

① 新型职业农民是指以农业为职业、具有一定的专业技能、收入主要来自农业的现代农业从业者,包括生产型职业农民、服务型职业农民、经营型职业农民三种。

业培训。制定专门计划，对符合条件的中高等学校毕业生、退役军人、返乡农民工务农创业给予补助和贷款支持。"2014年中央一号文件提出，"加大对新型职业农民和新型农业经营主体领办人的教育培训力度。落实和完善相关税收优惠政策，支持农民合作社发展农产品加工流通。"2015年中央一号文件提出，"引导有技能、资金和管理经验的农民工返乡创业，落实定向减税和普遍性降费政策，降低创业成本和企业负担。"2016年中央一号文件首次重点关注农村妇女就业创业问题，提出"鼓励各地设立农村妇女就业创业基金，加大妇女小额担保贷款实施力度，加强妇女技能培训，支持农村妇女发展家庭手工业。"2017年中央一号文件提出，"整合落实支持农村创业创新的市场准入、财政税收、金融服务、用地用电、创业培训、社会保障等方面优惠政策。鼓励各地建立返乡创业园、创业孵化基地、创客服务平台，开设开放式服务窗口，提供一站式服务。"2018年中央一号文件提出，"加强扶持引导服务，实施乡村就业创业促进行动，培育一批家庭工场、手工作坊、乡村车间，鼓励在乡村地区兴办环境友好型企业，实现乡村经济多元化，提供更多就业岗位。"2019年中央一号文件提出，"鼓励外出农民工、高校毕业生、退伍军人、城市各类人才返乡下乡创新创业，支持建立多种形式的创业支撑服务平台，完善乡村创新创业支持服务体系。落实好减税降费政策，鼓励地方设立乡村就业创业引导基金，加快解决用地、信贷等困难。加强创新创业孵化平台建设，支持创建一批返乡创业园，支持发展小微企业。"2020年中央一号文件提出，"深入实施农村创新创业带头人培育行动，将符合条件的返乡创业农民工纳入一次性创业补贴范围。"2021年中央一号文件提出，"吸引城市各方面人才到农村创业创新，参与乡村振兴和现代农业建设。鼓励地方建设返乡入乡创业园和孵化实训基地。"2022年中央一号文件提出，"推进返乡入乡创业园建设，落实各项扶持政策。"

从历年中央一号文件中关于创业政策的脉络可以看出，创业扶持由最初的鼓励回乡创业、支持创办企业到营造环境、健全服务、搭建平台等全方位、具体化支持转变。在全面推进乡村振兴进程中，鼓励并扶持更多外出人员返乡创业已成为巩固拓展脱贫攻坚成果、带动农户增收、吸引要素回流乡村、实现产业振兴的重要途径。

陕西省作为劳务输出大省，2019 年农民工总量达到 766.7 万人，比上年增加 12.8 万人，增长 1.7%。其中，本地农民工增长 8.2%；外出农民工下降 0.9%（陈燮函，2020），这表明越来越多的农民工更加倾向于回乡就业或创业。近年来，陕西省委省政府坚决贯彻落实党中央、国务院决策部署，把返乡创业作为保就业、保民生的一项重大任务来抓，把创业创新作为全省重大战略任务进行部署实施，相继制定出台了支持返乡创业的系列政策文件，分别从降低创业门槛、加大财税支持、强化金融服务、开展创业培训、做好示范带动、搭建创业孵化平台、建设创业园区等多个方面，积极畅通"创新—创业—就业"渠道，鼓励和支持返乡创业，全省创业带动就业成效显著。"十三五"期间，获批建设国家级双创示范基地 8 个[①]、省级创业孵化示范基地 100 个，市、县两级创业孵化基地 518 个，在孵创业实体达 1.47 万个，带动就业 11.64 万人；推广创业担保贷款网上经办服务平台建设，扶持创业 20.34 万人，带动就业 67.15 万人[②]。但返乡创业仍存在营商环境待优化、融资渠道不畅、要素保障困难、创业成本较高、创业能力待提升等问题，需要进一步研究解决。

---

① 根据《国务院办公厅关于建设大众创业万众创新示范基地的实施意见》《国务院办公厅关于建设第二批大众创业万众创新示范基地的实施意见》《国务院办公厅关于建设第三批大众创业万众创新示范基地的通知》文件精神，陕西省获批建设国家级双创示范基地 8 个：陕西西咸新区、陕西省杨凌农业高新技术产业示范区、西安电子科技大学、中国科学院西安光学精密机械研究所、西北工业大学国家大学科技园、西安交通大学、陕西省宝鸡高新技术产业开发区、陕西省西安高新技术产业开发区。

② 陕西省人民政府办公厅. 关于印发"十四五"就业促进规划的通知［EB/OL］. (2021–12–01)［2022–01–30］. http：//www. shaanxi. gov. cn/zfxxgk/fdzdgknr/zcwj/szfbgt-wj/szbf/202112/t20211201_2202383. html.

1.1.3　研究意义

1.1.3.1　研究的理论意义

创业政策的实施效果不仅与政策制定的科学性有关，而且还涉及政策宣传、政策执行、政策反馈等多个环节。当前学者对创业政策绩效评价研究多集中于政策宣传、政策落实、政策效果三方面，未将政策执行环节中的政府机构工作效率考虑进去，而政府机构工作效率的提升有助于实现政府和创业者之间的良性互动，降低政策的执行成本，提高政策的实施效果。本书在借鉴以往学者理论研究成果的基础上，构建一个包括政策宣传、政策执行、政策效果、政策反馈、工作服务五个环节在内的绩效评价指标体系，对创业政策绩效水平进行全面、客观评估，从而为进一步完整研究"创业政策绩效评价"做出可能的补充。

1.1.3.2　研究的实践意义

脱贫攻坚取得胜利后，要全面推进乡村振兴，这是"三农"工作重心的历史性转移。习近平总书记指出，"就业是巩固脱贫攻坚成果的基本措施。要积极发展乡村产业，方便群众在家门口就业，让群众既有收入，又能兼顾家庭，把孩子教育培养好。①"陕西省作为西部欠发达省份，目前正处于巩固拓展脱贫攻坚成果同乡村振兴有效衔接的关键时期，而返乡创业是实施产业振兴与带动农户持续增收的重要抓手。本书通过对陕西省 231 位创业者进行问卷调查、深度访谈和跟踪调研，从陕西省返乡创业的现状出发，分析返乡创业的基本特点、经济社会效应、面临的

---

① 新华社．习近平春节前夕赴贵州看望慰问各族干部群众［N/OL］.（2021 - 02 - 05）［2021 - 11 - 10］. http：//www. gov. cn/xinwen/2021 - 02/05/content_5585288. htm.

主要问题、政策实施效果等；从创业项目的经营效益出发，对影响创业绩效的因素进行实证分析；从政策满意度视角出发，探究不同因素对创业政策满意度的影响路径；从创业政策实施效果出发，分析影响政策绩效的因素，并对政策绩效作出综合评价，根据实证研究结论和实地调研结果提出创业政策体系构建的基本原则和建议。这对陕西省通过创业政策促进返乡人员创业，巩固拓展脱贫攻坚成果，实现乡村产业振兴，高质量发展县域经济都具有重要现实意义；也对政府部门了解创业现状、政策效果，完善返乡创业政策具有决策参考意义。

1.2 国内外研究现状及发展趋势

1.2.1 国外研究现状

1.2.1.1 创业与经济发展研究

创业不同于一般经济管理行为，它可以创造新的市场主体，为经济社会创造更多新的就业岗位，成为解决就业的主要途径。同时，创业通过增加市场竞争、资源要素重新配置、产品和服务创新、技术和管理创新等一系列活动促进经济增长，促进传统产业改造和新兴产业发展，进而创造新需求、新业态、新技术。熊彼特（Schumpeter，1934）是最早研究创业者与经济增长动态关系的学者，熊彼特赋予创业者以"创新者"的形象，他认为创业是实现创新的过程，创新是创业的本质和手段，创业者通过创新实现生产要素优化配置，或变革生产模式来生产新商品，或用新方法来生产老商品，打破市场均衡，从而推动了经济增长。莱宾斯坦（Leibenstein，1978）认为，由于市场发展的不完全和信息不对称，经济活动的运行发展主要依赖创业者发现和评估市场机会、组合资源、提供管理和生产、承担最终风险的能力。因此，承载人力资本和知识存量并富有创业精神的创业者是推动经济增长和社会发展的关键要素。德鲁克（Drucker，1985）在其著作《创新与创业精神》中确认了创业拉动经济增长的趋势，并提出了"创业型经济"的概念，他认为"创业型经济"主要是指以大量新创成长型中小企业为支撑的经济形态。鲍莫尔（Baumol，1990）提出，由政府政策和社会制度环境建构的经济支付结构是促使创业精神以生产性、非生产性，甚至破坏性三种不同方式释放的决定因素，也造成了经济增长态势的前后差异。因此，要实现持续的经济增长，关键在于将创业精神配置到创新等生产性活动中。霍尔科姆（Holcombe，2003）认为，创业活动本身创造了更多创业机会，创业通过创新实现资源的新组合，这种新组合会使资源需求品种和数量、顾客群、供应商等发生变化，进而出现联动效应，使市场产生更多的新获利机会。贝格尔斯迪和诺德海文（Beugelsdij & Noorderhaven，2004）使用自我雇用率作为创业精神的代替指标，分析了战后欧洲不同经济体的增长差异，发现创业精神是导致地区经济增长差异的一个重要因素。奥尔斯特伦和布鲁顿（Ahlstrom & Bruton，2002）运用制度学派理论，对中国创业活动和社会规范等制度因素进行了分析。研究发现，在转型经济环境下，创业型企业不但可以适应制度环境，而且可以通过改变一定的条件促进制度环境的改善。

1.2.1.2　创业行为研究

创业研究大致经历了从创业者独特心理特质研究到创业过程和创业行为的研究。早期创业特质理论研究学者更倾向于通过对创业者心理活动和认知模式的解读，来解释创业过程和创业行为，以此回答创业者为何创业的问题。贝格利（Begley，1987a、1987b）基于创业特质理论，从责任感、风险倾向、独立性等特质角度对创业者与管理者、成功创业者与不成功创业者进行区分，认为创业者与非创业者具有不同的心理特征，成功创业者与不成功创业者的心理特征也存在差异。埃文斯和约万诺维奇（Evans & Jovanovic，1989）认为，企业家能力是影响创业决策的重要因素之一，也是影响创业选择的关键变量，随着企业家个人能力的提高，其外部资源要素对创业的制约作用会明显降低。米切尔（Mitchell，2002）指出，创业认知是创业者在机会评价和创业企业成长过程中用于作出评价、判断和决策的知识结构，这种认知可以帮助创业者更好地识别机会、感知风险。帕特里克·菲尔金（Patrick Firkin，2001）最早把资源禀赋引入到创业管理领域，并界定了企业家资源禀赋的内容。他认为创业企业家的资源禀赋包括经济资本、人力资本和社会资本三个部分。其中，经济资本是企业家所拥有的可直接变现的各种财务资产的总和，人力资本由教育背景、工作经历及经验、个体特质、创业经验、产业知识、技术技能等构成，社会资本包括个人社会资本与家庭经济资本。奈特（Knight，1921）赋予了创业者（企业家）不确定性决策者的角色，创业者必须具备卓越的管理能力、自信的判断能力、坚决的行动能力和较强的风险承受能力，才能在市场价格与固定支付之间获取创业家报酬。柯兹纳（Kirzner，1973）认为，创业者具有一般人所不具备的对市场信息的敏锐性，这种敏锐性使创业者能够以高于进价的售价销售商品，他所需要的市场信息就是发现哪里购买者的买价高，哪里销售者的售价低，然后以比其售价略高的价格买进，比其买价略低的价格卖出。

早期的创业者特质研究将创业选择归因于个人特质因素，忽略了创业机会因素，他们认为机会在人群中随机分布或不存在，个体是否会成为创业者完全取决于个人特质。同时，也忽略了环境因素，而市场变革、制度因素、政策措施、技术升级等环境因素变化是创业机会的来源。因此，创业者特质研究由于忽略了对环境的关注，间接导致对创业机会的忽略。随着对创业、创业过程、创业行为的深入研究，以机会为核心的过程观（识别机会→评估机会→开发机会）和行为观（机会识别与认知、机会开发）等主题逐渐成为创业研究的主流。沙恩和维克塔拉曼（Shane & Venkataraman，2000）认为，创业研究是考察什么人通过何种方式去发现、评价和利用创造未来商品和服务的机会，并进一步提出了创业研究应该以机会为主线展开。包括三类问题：一是为什么会存在可以创造商品和服务的机会，在什么时间存在，是如何存在的；二是为什么有的人能够发现和利用这些机会，什么时间发现和利用，如何发现和利用；三是为什么会采用不同的行动模式来利用创业机会，什么时间采用，如何采用。柯兹纳（1997）基于信息不对称理论，认为创业机会之所以存在，是因为人们拥有的信息不对称，掌握较多信息的人比其他人更容易做出有商业创意的决策。德鲁克（1985）提出，创业的决定性阶段是准确认识经济环境，并从中发现可以成功的创业机会，机会识别是寻找人口供给变化、流程变化、行业结构变化、突发事件等情况所引发的创新需求。巴韦（Bhave，1994）将创业机会识别分为内在刺激的机会识别和外在刺激的机会识别。萨拉斯瓦蒂（Sarasvathy，2001）认为，创业机会的识别来自创业者对创业机会搜寻的过程，他将创业机会识别分为手段和目的都确定、手段和目的确定其一、手段和目的都不确定三类。兰普金（Lumpkin，2001）认为，创业机会识别是一个包括准备、孵化、洞察和评估四个阶段在内的完整过程，准备阶段和孵化阶段就是机会创造阶段，洞察阶段是对机会进行分析识别的阶段，评估阶段是通过考察创业机会的可行性和盈利性来做出判断。沙恩和维克塔拉曼（2000）提出，可以根据产业组织的性质、市场建设的完善程度、资源要素的可获得性、机会的属性等因素决定创业机会的开发模式，可以创建新企业，也可以采取市场交易方式将创业机会出售给其他企业。

1.2.1.3　创业绩效研究

随着创业行为研究的深入，如何衡量创业行为的结果，即创业绩效及影响创业绩效的因素引起了经济学、管理学、社会学等不同学科学者的广泛关注，已成为创业研究的一个重点。奥尔德里奇（Aldrich，2003）把创业环境视为影响创业绩效的重要因素，他认为环境中蕴藏着创业所需的资源和机会，创业者需要主动识别环境中蕴含的机会和资源，发现、评价并开发创业机会，及时调整战略去适应环境甚至创造适合自身的有利环境，这样才能提高创业绩效。桑德伯格（Sandberg，1987）、罗宾逊（Robinson，1998）认为，创业战略是影响创业绩效的一个重要因素，面对瞬息万变的市场，创业者应该根据自己的优势和劣势，通过实施不同的战略或调整战略取向，来应对外部环境中存在的机会与威胁。维克塔拉曼（1986）提出，应通过多层构思来测量组织绩效，第一层是组织的财务绩效，如净利润、销售利润率、资产收益率、投资回报率等，这是测量创业绩效的基础指标；第二层是非财务绩效，如市场占有率、市场开发能力、市场营销能力、技术创新能力、员工忠诚度、员工满意度等，这是反映创业绩效更高层次的指标；第三层是反映利益相关者的诉求，如顾客满意度等。鲍曼（Borman，1993）提出，创业绩效包括周边绩效和任务绩效两个维度，周边绩效主要是指员工行为产生的绩效，任务绩效主要是指具体工作产生的绩效。克里斯曼和鲍尔施密特（Chrisman & Bauerschmidt，1998）认为，创业绩效包括成长绩效和生存绩效两个维度，成长绩效包括财务指标和获利能力，生存绩效主要是对企业未来盈利性的判断。钱德勒和汉克斯（Chandler & Hanks，1994）指出，创业者的机会把握能力和资源整合管理能力与创业绩效直接相关。

1.2.1.4 创业政策研究

从 20 世纪 90 年代开始，部分学者基于小企业在西方国家经济高速增长中的作用及对科技创新的贡献，开始研究政府应该制定怎样的创业政策，以激励更多人的创业意愿。凯尼（Kayne，1999）认为，创业政策应该包括创业共识、税收和规制环境、资金的获取，尤其是创业初期的权益资本、创业教育、知识资本。斯蒂文森和伦德斯特罗姆（Stevenson & Lundstrom，2001）提出，创业活动是动机、技能和机会相结合的结果，促进创业的政策可以围绕这三个要素来设计；其政策理论框架包括：一是在个人层面上激发人们进行创业，二是使创业者获得创业所需要的知识和技能，三是为潜在创业者提供资源和环境支持；具体政策方面包括促进创业文化、开展创业教育、减少进入障碍、金融支持、商务支持，以及刺激目标群体六个方面。史蒂文森（2001）提出，创业政策框架的制定需要围绕创业氛围、激励创业、改善对创业的态度、提高创业者比例、提高进入和退出率五个目标展开，形成创业促进、创业教育、创业环境、创业融资、创业支持和目标群体战略六个方面的政策内容，其中创业教育是整个创业政策框架的动力来源。韦赫尔（Verheul，2001）从多学科角度出发，提出了五种类型的创业政策：创业需求、创业供给、创业风险补偿机制、资源和知识的可用性、社会的创业价值。佐尔坦（Zoltan，2001）从个人层面、企业层面、经济层面和社会层面，给出与其相对应的四类创业政策，即个人层面的就业选择政策、企业层面的可行政策、经济层面的支持政策，以及社会层面的社会政策。

1.2.2　国内研究现状

改革开放以来，我国创业研究大致经历了三个主要阶段。一是个体经济和私营经济创业时代。随着我国在经济体制改革道路上的不断探索和认识的深化，个体经济和私营经济在政治上、法律上的合法地位得到确立，以及鼓励个体经济和私营经济发展政策的相继出台，个体经济和私营经济日趋活跃，自主创业浪潮逐渐兴起。这一时期的创业研究主要聚焦创业者特质、分析创业精神、总结创业经验。研究方法主要以定性分析为主。二是创办新企业时代。1992 年，党的十四大报告提出，建立社会主义市场经济体制，在所有制结构上，以公有制包括全民所有制和集体所有制经济为主体，个体经济、私营经济、外资经济为补充，多种经济成分长期共同发展，不同经济成分还可以自愿实行多种形式的联合经营。1997 年，党的十五大报告提出，非公有制经济是我国社会主义市场经济的重要组成部分，对个体、私营等非公有制经济要继续鼓励、引导，使之健康发展。非公有制经济从"必要补充"变成了"重要组成部分"，其地位得到了进一步确立和巩固。这把人们从姓"社"还是姓"资"的抽象争论束缚中解放出来，从根本上打破了人们的思想禁锢，激发了人们的创业热情，不仅包括工人、农民，也包括知识分子、机关干部，共同开启了创办新企业的时代。这一时期的创业研究主要聚焦创业投资、创业过程、企业家精神、要素研究等领域，以及深入研究如何才能创办新企业。研究方法主要以定性分析和统计性描述为主。三是"大众创业、万众创新"时代。2014 年 9 月，李克强总理在第八届夏季达沃斯论坛上提出"大众创业、万众创新"以来①，党中央、国务院、国务院各部委及各级地方政府相继制定出台了支持返乡创业的系列政策文件，分别从降低创业门槛、加大财税支持、强化金融服务、开展创业培训、建设创业园区等方面提出具体措施，鼓励和支持返乡下乡人员创业创新。2021 年，我国实有市场主体存量为 15400 万户，比 2014 年增长了 122.2%，其中企业、个体工商户、农民专业合作社分别比 2014 年增长了 166.2%、106.7%、100%，个体工商户已占市场主体总量的 66.9%②，新的创新创业浪潮逐渐形成，创业企业正成为我国新经济发展的重要推动力量。这一时期的创业研究主题除了继续关注创业者特质之外，重点聚焦创业机会识别、创业模式、创业的社会经济效

---

① 李克强. 紧紧依靠改革创新　增强经济发展新动力——在第八届夏季达沃斯论坛上的致辞［EB/OL］.（2014－09－10）［2021－11－10］. http：//www. gov. cn/guowuyuan/2014－09/11/content_2748703. htm.

② 资料来源：根据国家市场监督管理总局综合规划司相关统计数据整理计算。

应、创业生态系统[①]、创业政策、创业政策评估等领域。研究方法上更加关注中国情境下，创业研究的理论框架分析和实证计量分析。

1.2.2.1　创业与经济发展研究

近年来，党和政府高度重视"大众创业、万众创新"，做出了一系列重要决策部署、出台了一系列重要扶持政策，激发更多人才创新创业，为保就业、保增长、调结构提供了重要支持。郑秀梅等（2019）从"双创"驱动经济发展的效果出发，运用模糊综合评价法对问卷数据进行计量分析。结果表明，创业与经济发展不是简单的线性关系，其作用过程受要素层、协同层、政策层等多个维度影响，完备的自然资源、基础设施、市场需求，紧密合作的上下游产业间关系，更强的技术、产品和服务创新能力都对促进"双创"驱动经济发展具有较好的支撑作用，商事制度改革、要素保障政策、科技服务政策、创新创业氛围等因素较好地促进了"双创"对经济发展的驱动作用。许士道和江静（2021）研究发现，东中部地区的创业活力显著促进了经济发展效率的提升，西部地区创业活力对经济发展效率的作用则不显著，东、中、西部地区的创新能力均显著促进了地区经济发展效率的提升。因此，不仅要促进创业活力的增强，更要促进创新能力的提高，才有助于促进经济发展效率的提升。倪星等（2020）研究发现，广东省创新创业能力不仅对地区人均国内生产总值（GDP）增长率、产业结构、工业总产值具有积极影响，而且对毗邻地区的经济增长也有积极的溢出效应，随着政府科技投入力度加大，创新创业能力对经济增长的影响也在增加。马天女等（2021）将创业分为一般性创业和创新型创业[②]，

---

①　马鸿佳和孙青（2021）在文献综述的基础上，提出创业生态系统是为了实现创业的可持续发展，由相互联系的多主体及文化、制度环境相互作用而形成的综合体。创业生态系统由市场、政策、融资、人力资本、文化，以及其他支持六个方面构成。

②　一般性创业主要是指以较低的知识与技术要求从事劳动密集型行业。创新型创业是指创业者以新知识和新技术为基础，以科技创新和产品创新为手段，通过创新成果市场化来获取利润的过程。

一般性创业有助于促进城市化水平提升，带动农村劳动力向城市流动，缩小城乡收入差距；创新型创业不仅直接缩小城乡收入差距，而且能够通过促进效率提升、经济增长，提高农业劳动者收入、间接缩小城乡收入差距。李宏彬等（2009）将企业家精神分为创业精神和创新精神，企业家的创业精神和创新精神都对经济增长产生了显著的正效应。企业家创业精神每增长 1 个百分点，将提高年均经济增长率 2.88 个百分点；企业家创新精神每增长 1 个百分点，将提高年均经济增长率 3 个百分点。因此，中国经济取得的增长奇迹在很大程度上与个体和私营经济的迅速发展是分不开的，企业家精神越集中的地区，经济发展越快。马忠新和陶一桃（2019）基于对中华老字号企业空间分布的考察，研究了中国各地企业家精神历史传承对经济增长的影响。结果表明，企业家精神的历史传承会显著影响地区经济绩效，但在不同地区促进作用大小呈现差异化，即在创新能力更强、创业氛围更浓郁、市场经济体制更完善的地区，企业家精神历史传承对经济增长的影响更大；反之，则影响更小。陈欢等（2020）立足经济高质量发展的目标要求，将企业家精神的内涵界定为需求认知与创新创业，并从微观、中观和宏观三个方面提出企业家精神推动经济高质量发展的理论机制。其研究认为，随着需求结构升级，企业家精神对经济高质量发展的促进作用不断增强，想要有效发挥企业家精神，必须完善制度，营造优良的创新生态环境，促使企业家将职能更多地配置到创新和效率提升等生产性活动领域中。方世建和桂玲（2009）从历史视角分析了经济增长及其与创业的关系，认为政府营造创业氛围、增加创业培训、降低创业门槛、建立创业孵化器、设立创业投资基金等政策可以通过激发创业动机、增加创业机会、培育创业技术来促进创业活动，而创业活动不仅会促进知识溢出、市场竞争和多样化服务，也会通过创造就业来促进创新、促进经济发展。明秀南（2016）利用中国 1994～2012 年省际面板数据，实证检验了创业制度环境下创业与经济增长的关系。结果表明，创业能够有效促进经济长期增长，但制度环境、金融环境、司法体系在其中发挥着关键的中介作用，良好的制度环境是影响企业家投资导向的关键因素，金融发展和司法体系的建设强化了创业对经济增长的促进作用，而腐败与政府规模的扩张则会抑制创业对经济增长的促进作用。王叶军（2019）把创业活力引入经济增长模型，实证研究创业活力对城市经济增长的影响，指出城市对外开放水平、创业活力、经济增长之间相互影响，对外开放水平越高，产业活力越强，对城市经济增长的促进效应就越明显。如东部和东北地区城市创业活力对经济增长具有显著促进效应，而中部、西部地区城市创业活力没有表现出经济促进效应。贾鹏和庄晋财（2021）基于 2016 年中国劳动力动态调查数据，实证分析了乡村创业对农村老人养老困境的影响及作用机制。他们研究发现，乡村创业能够增加农村老人的就业机会，提升老人的储蓄能力，增加其养老的经济支持。同时，通过促进农村集体经济发展壮大，改善农村养老服务基础设施，为增加老人与子女及社会交往的机会创造条件。李彩鹏（2021）认为，农民工借助自己多年在城市务工的经验、经历、知识回乡创业，不仅带动了生产要素向农村流动，也促进了农业产业链延伸和农村经济发展，更有利于巩固拓展脱贫攻坚成果。孙道助和王圆圆（2020）研究发现，农民工返乡创办企业，为当地创造了更多就业岗位，增加了农民收入，带动了当地经济发展，以安徽省阜阳市为例，返乡创业人数每增加 1 人，人均生产总值将增加 5.14 元。杜坤（2019）认为，农民工返乡创业不仅带回资金和先进理念，而且通过创办市场主体合理开发利用当地特色资源、发展特色产业、改善农业生产结构，也为当地农村留守妇女创造便利的就业岗位。张小顺（2020）的研究表明，大学生下乡创业可以将现代科学技术、先进管理模式、信息、市场理念等元素融入农村经济发展的各个领域，有助于提高农业生产效率，加快农村现代化进程，促进农村一二三产业融合。李梓维（2020）研究发现，退役军人返乡创业不仅能够实现退役军人自身价值，而且扩大了创业群体，优化了市场人力资源配置，助推了经济社会发展，尤其是军人特有的从军经历对机会型创业具有显著正向影响。

1.2.2.2 创业行为研究

创业行为通常是指创业主体基于已有的创业意向和发现的创业机会，为实现最终创业目的而实施的一系列行为，是整个创业活动的实施过程，包括创业意愿、创业行为影响因素、创业模式选择、创业激励等。

（1）创业意愿研究方面。范巍和王重鸣（2004）在国外研究的基础上，通过各个名义变量的方差检验对创业倾向进行了研究，认为创业意愿受个体特征（性格外向性、责任感、经验开放性、自我功效感）、背景因素（学历、专业、年龄、家庭结构、个人经历）、环境因素（创业成就感、创业回报、创业环境）三个主要因素影响。胡永青（2014）基于计划行为理论，研究大学生创业倾向及影响创业倾向的关键因素。结果表明，创业态度和创业环境对大学生创业倾向有显著影响，个人背景（家庭状况、学历、管理知识、实践经历）、个人特质（积极心态、风险承受能力）通过创业态度影响创业倾向，创业环境对创业倾向的形成起着重要作用。丁栋虹和张翔（2016）基于创业认知理论，探讨风险倾向对个体创业意愿的影响机制，认为在创业选择过程中，风险倾向对个体的创业意愿产生显著正向影响，风险感知对个体的创业意愿产生显著负向影响，风险感知在风险倾向与创业意愿的关系中发挥部分中介作用。高静等（2014）以重庆438位大学生为样本，实证研究影响大学生创业倾向的主要因素。结果表明，资源获取能力、风险承担能力和创业者特质是影响大学生创业倾向的主要因素，以社会贡献、获得社会认可的内生态度对大学生创业倾向影响明显，而以获取金钱、地位、权利为诉求的外生态度则不是主要因素；家庭环境、学校环境对大学生创业倾向的影响较社会环境更大。朱红根和康兰媛（2013）研究发现，性别、文化程度、风险偏好对农民的创业意愿有显著正向影响，创业氛围和创业成功榜样也对农民创业意愿具有示范引领作用，良好的金融环境和大力的政策支持能够激发农民的创业意愿。石智雷等（2010）利用对1019 位返乡农民工及其家庭的调查数据，实证分析了影响返乡农民工创业行为和创业意愿的因素。其研究发现，文化程度较高、生产积极性较高、社交能力较强、专业技能熟练的青壮年农民工在返乡后更愿意创业，同时家庭财富积累水平越高，创业意愿更强烈。钟王黎和郭红东（2010）运用 Logistic 回归模型对全国 17 个省 41 个县的 146名农民创业者的调查数据进行实证分析。结果表明，家庭劳动力数量和周边创业氛围都会带动并提升返乡农民工创业意愿。梁祺和王影（2016）将生涯适应力引入创业意愿研究中，研究发现生涯适应力对个体创业意愿有显著正向影响，以关系资源、关系强度为代表的社会资本对创业意愿具有明显的强化效应。因此，创业者应善于经营关系网络，以拓宽资源来源、提升资源价值，加速创业激情向创业意愿过渡。蒋剑勇和郭红东（2012）研究发现，一个地方是否具有鼓励创新创业的地方文化和观念，是否能够对创业失败的创业者采取一种包容心态和尊重态度，是营造良好创业文化氛围的关键因素，而良好创业文化氛围和创业成功榜样会增强农民的创业感知、创业自信，从而提升他们的创业意向。张若瑾（2018）运用双边界询价法，对四川省、河南省的 330 户农户进行创业意愿及影响因素问卷调查和实证分析。结果表明，创业扶持政策在总体上对创业意愿具有激励实效，但需要根据创业农民工不同需求，细化激励政策方式及金额，结合创业企业类型、行业属性、规模等给予不同程度的补贴、贷款。同时，可采取一次性创业补贴和社会保险补贴等其他形式补贴相结合，创业小额担保贷款和其他形式筹融资相结合等多种激励方式。

（2）创业行为影响因素研究方面。郑少锋和郭群成（2010）提出，返乡农民工创业决策主要存在四种模式，即个人胆略导向型、知识导向型、经验导向型、政策导向型①，家庭居住地离中心城镇较远和社会资本匮乏是刺激返乡农民工创业的主要因素。张立新等（2016）基于山东省东营市 368 份农民工个案数据，实证研究农民工返乡创业意愿的影响因素。结果表明，态度、生存性行动、社会性动机、成就性动机、人力资本、经济资本、社会资本、政策环境 8 个因素都会对农民工创业产生影响；乐观、认真态度和敢于冒险的个人特质，高层次需要的动机，创业政策的引导和激励都会对农民工返乡创业行为产生重要影响。陈文超等（2014）研究发现，年龄、教育经历与农民工返乡创业行为并非呈现线性关系，年龄在 39 岁以前，受教育年限达到 11 年左右的更容易选择返乡创业。同时，创业支持政策也会对农民工返乡创业产生影响，但只有农民工真正享受到政策优惠时，才会对其产生显著影响。汪昕宇等（2018）基于创业全过程视角，从农民工个体、家庭和环境三个层面分析影响农民工返乡创业的因素。研究发现，家庭经济状况、家庭创业经验对农民工返乡创业决策有积极的正向影响，而家庭人口状况和地理条件的影响不确定。张秀娥等（2013）从政府在新生代农民工②返乡创业中的角色定位出发，分析影响新生代农民工返乡创业行为的因素，提出在城镇化推进过程中，政府应充分了解农民工的个体特征，深刻把握影响农民工创业的因素，结合当地经济社会发展环境，做好返乡农民工的导航员、培训员、服务员和宣传员，为农民工返乡创业营造良好的宏观环境。刘光明和宋洪远（2002）通过对安徽省、四川省两省四县 71 位回乡

---

① 个人胆略导向型是指创业决策由个人胆量和市场意识引导；知识导向型是指创业决策由较高文化程度引导；经验导向型是指创业决策由管理经验和风险意识、规则引导；政策导向型是指创业决策由政府政策支持力度引导。

② 新生代农民工是指在 1980 年及之后出生的，进城从事非农业生产 6 个月及以上，常住地在城市，户籍地在乡村的劳动力。新生代农民工是新时代的产业工人，很早进入社会，游离于城市和乡村之间，基本没有从事过农业生产，不像父辈那般依恋乡村。2010 年中央一号文件《关于加大统筹城乡发展力度进一步夯实农业农村发展基础的若干意见》中，首次使用了"新生代农民工"的提法，并要求"采取有针对性的措施，着力解决新生代农民工问题"。

创业者的案例进行分析，认为中西部地区政策开放度、经济发展水平的提高，以及在输入地难以享受到同等基本公共服务是促使农民工回乡创业的主要因素。张秀娥等（2012）指出，政府政策、金融支持、商务环境、创业培训、社会规范等外部环境，不仅可以影响农民工的创业活动，还可以提高其创业导向和创业能力。朱明芬（2010）以浙江省杭州市为例，定量分析杭州市农民创业行为的影响因素。研究表明，地区经济发展水平、基础设施完善程度、市场开放程度、社会包容程度等一般环境因素对农民创业机会、创业过程、创业成效影响程度最大；家庭社会关系、人均收入水平、所拥有的资源等因素对农民创业可能产生正向影响；个人能力、动力、毅力、组织力、执行力等特质也对农民创业产生影响。张龙鹏等（2016）从企业家才能的视角，揭示了行政审批时间、成本、最低实缴资本对居民创业选择的影响，提出降低行政审批成本和最低实缴资本，缩短行政审批时间，加强行政审批部门间的协同合作，放宽或取消市场准入的行政审批是激发"大众创业"活力的重要手段。

（3）创业模式选择研究方面。姚梅芳和马鸿佳（2007）；朱红根和康兰媛（2013）根据农民工生存型、成长型和价值型三类创业动机，将农民工创业模式分为生存型创业、成长型创业和价值型创业三种创业类型[①]，研究发现成长型和价值型创业的农民工返乡创业绩效更好。吴昌华等（2008）根据创业的阶段性特点和生产要素配置情况，把农民工创业模式分为自主开发型创业模式、专业合作组织引领型创业模式和"老板村官"带动型创业模式[②]。魏凤和闫芃燕

[①]　生存型创业主要指农民工为了赚钱养家或生存而选择创业；成长型创业主要是指农民工为了自我发展而选择创业；价值型创业主要是指农民工为实现自身价值而选择创业。

[②]　自主开发型创业模式是指具备一定创业素质和条件的农民，在明确市场空间的基础上通过模仿和创新，组建市场主体。专业合作组织引领型模式主要以农村经济合作组织为载体，发挥当地资源比较优势和调整产业结构，广泛参与农业产业化经营，使组织成员获得更多增值利益，其主要目标是培养专业大户和农村能人。"老板村官"带动型创业模式是指通过基层党组织负责人先行示范，带领农民创业致富。

（2012）认为，西部地区返乡农民工创业模式主要为批发零售模式、居民服务模式、建筑建材模式、餐饮模式、种养殖模式五种类型，并通过实证研究发现，女性创业者更倾向于选择批发零售模式，年龄较大的农民工更倾向于选择种养殖模式，家庭年收入越高的返乡农民工创业者选择除种养殖模式之外的其他模式的可能性越大，政府对某种创业模式的政策支持力度越大，创业者选择该模式的意愿更强烈。刘美玉（2013）把新生代农民工创业模式分为生存型创业和机会型创业，认为创业动机影响新生代农民工创业模式的选择。具体表现为，经济性动机与生存型创业正相关，与机会型创业负相关；社会性动机与机会型创业正相关；成就性动机与生存型创业负相关，与机会型创业正相关。吕惠明（2016）根据创业内容和行业角度，将浙江省返乡农民工的创业模式分为农业产业化、乡村旅游、居民消费性服务业、家庭手工业和现代工业企业五种模式，通过实证研究发现，创业模式选择受创业者基本特征、打工经历、创业能力、政府政策支持、地方创业氛围、创业培训等内外部因素影响。檀学文等（2016）研究发现，农民工等外出人员返乡创业类型主要是发展家庭农场、农村电商、农产品加工业和休闲农业四种类型，且四种类型均取得了较好成效。刘志阳和李斌（2017）把农民工创业模式分为经验驱动型创业模式和资源驱动型创业模式[1]。研究发现，在服务业领域，经验驱动型比资源驱动型优势更加明显，创业绩效更好。黄永春等（2019）认为，激发创业动机、增加创业机会有助于提升生存推动型创业者[2]的创业信心；激发创业动机、提供创业培训有助于提升机会拉动型创业者[3]的创业技能；增加创业机会、提供创业培训有助于扩展创新驱

---

[1] 经验驱动型创业模式是指创业者选择与外出务工行业相关联的行业进行创业，资源驱动型创业模式是指创业者依托当地农村特色资源选择创业行业。

[2] 生存推动型创业模式是指个体对就业状况不满意或者没有其他就业选择而被迫创业的行为，呈现创业被动性、风险规避性等特征。

[3] 机会拉动型创业模式是指个体因感知到商业机会而进行创业的行为，具有机会感知性、资本积累等特征。

动型创业者①的社会关系网络。范波文和应望江（2020）把农民工创业模式分为模仿创业②和创新创业，通过实证研究发现，模仿创业是目前中国农村地区农民创业的主流形式，比起普通家庭，精英家庭背景出身的农民创新创业的可能性更高。

1.2.2.3　创业绩效研究

创业绩效是指在创业过程中完成某项任务或达到某个目标的程度。创业绩效不仅是检验各种创业理论解释力和预测力的基本标准，也是衡量创业是否成功的一个重要方面。随着国家"大众创业、万众创新"战略的持续推进，各地创业型经济日趋活跃，推动了就业增加、经济发展、技术进步、城乡协调发展等。创业绩效也成为了国内学者研究的一个重点。对创业绩效的影响因素研究，除了考虑环境与机会、资源、战略、创业者个体特征之外，还应该考虑产业结构、组织结构、本土化特征等权变因素（余绍忠，2013）。我国创业绩效研究还处于起步阶段，目前仍然是在学习借鉴国外研究成果的基础上，结合我国创业者的个体因素、家庭因素、创业环境等，从财务指标和非财务指标两大类构建创业绩效评价指标体系，对创业绩效进行实证研究，以期探求影响创业绩效的主要因素。沈超红（2006）认为，创业绩效是衡量创业有效性的一个重要指标，既可以从财务角度进行测量，也可以从衡量企业潜在能力的非财务角度测量，还可以从感知的市场份额增长、销售增长等主观指标进行测量。

（1）个体因素研究方面。朱红根和梁曦（2017）基于江西省1080 位创业农民的调研数据，实证分析了农民创业动机与创业绩效之间的关系。结果表明，性别、风险偏好、创业技能、创业动机都对

---

①　创新驱动型创业模式是指通过技术创新和商业模式变革，提供新产品和新服务的创业行为，具有知识探索性、创新变革性等特征。

②　模仿创业是指在领先型企业的示范和影响下，通过观察学习并在创业动机的刺激下实施的创业行为。模仿创业有利于在创业中节省成本、降低风险、增加收益。

创业绩效有着显著正向影响，而且与生存型创业动机的绩效相比，成长型和价值型创业动机的创业者因为拥有更多的知识、资源，更强的成本优势和项目规划能力，其创业绩效相对更好。赵德昭（2016）实证研究了农民工创业绩效的影响因素及其区域差异。实证检验发现，西部地区年轻农民工由于其认知能力、接受能力、风险承受能力较强，创业绩效提升较快；年龄较大的农民工由于其更趋于保守和稳定，因而难以获得较高的创业绩效；务工经历和拥有创业经验都有助于提升创业绩效。中部地区拥有大专及以上学历的返乡农民工更容易获得较高的创业绩效，而西部地区拥有初中学历的返乡农民工更容易获得较高的创业绩效。解学梅等（2021）研究认为，女性创业者表现出适当的男性能动性特征时，有利于提高新创企业绩效，也有利于与政府、利益相关者之间建立密切的合作关系，减少资源约束、增加社会资本、拓展社会网络、获得最新政策信息，从而提升创业企业绩效。吴克强等（2021）从创业韧性①出发，探讨其对创业绩效的影响机制，认为创业者在面对不利环境时，所表现出的定力、努力和自信等创业韧性可以让创业者保持乐观的心态和坚定的信心，从而提高创业绩效。程聪（2015）采用结构方程法对创业者心理资本与创业绩效之间的关系进行了实证检验。结果表明，面对逆境，创业者的信心、乐观、韧性、希望等心理资本或个性品质，不仅有助于创业者解决创业困难、发现创业机会、确定创业目标，而且对提升创业绩效会产生显著正向影响。周必彧和王婷婷（2021）的研究表明，在微商、餐饮、旅游商贸等服务行业，女性所特有的亲和力、协调力、敏感性、灵活性等特质，有助于她们获得外部资源、洞察市场需求、发现市场机会，对提升创业绩效有显著正向影响。罗明忠和陈明（2014）把农民创业者的人格特质分为外倾性、情绪稳定性、随和性、尽责性、经验开放性五个维度。研究发现，农民越注重培养自身人格特

---

① 创业韧性是个人在面对创业逆境、压力和不确定性状况时有效运作的能力。

质，越容易提高创业学习能力，越能够取得较好创业绩效。芮正云和方聪龙（2017）将创业韧性定义为"坚韧、自强、乐观"，认为新生代农民工创业者的学历、培训、经验等人力资本，以及家庭和社会关系资本对创业绩效的提升产生积极作用，并且创业韧性更加强化了人力资本对创业绩效的促进作用。郭红东和丁高洁（2013）将影响农民创业绩效的关系网络分为社会性关系网络和市场性关系网络①，在社会性关系网络中，能够与更多家人、亲戚和朋友建立起高度信任的家庭关系，并获得他们的大力支持，更容易取得好的创业绩效；在市场性关系网络中，越能够与客户和合作伙伴建立起紧密的经济联系，越能取得较好的创业绩效；对农民创业者而言，社会性关系网络在提升创业绩效方面比市场性关系网络作用更大，这是农民创业过程中必须把握的关键。

（2）家庭因素研究方面。李路路（1995）的研究表明，私营企业家与其亲戚和朋友的关系，特别是这些亲戚和朋友的职业地位和社会地位，对他们进入私营经济领域、获得资源和企业发展等方面都具有重要作用。周菁华（2013）研究发现，家庭男性劳动力人数、成员最高文化程度、城市亲友数量对创业绩效有显著正向影响。芮正云和史清华（2018）以农民工创业网络、学习能力为逻辑起点，探究农民工创业绩效提升路径。其研究发现，农民工自身资源非常有限，难以满足创业活动的需求，通常是通过家庭网络关系来获取初始创业资源，但这类关系呈现"同质化"和"内卷性"特征，无法持续获得多种类型资源，这就需要拓展社会网络关系以弥补家庭网络关系的不足。

（3）创业环境研究方面。王转弟和马红玉（2020）研究发现，

---

① 社会性关系网络是基于非商业化的社会合约而建立的关系，例如，亲戚关系或朋友、同学等熟人关系。市场性关系网络是基于单纯的商业交易原则，通过长期的市场交易而形成的相互之间的信任关系。

创业环境、创业精神整体上对农村女性创业者的创业绩效具有显著正向影响，良好的融资环境和较高的经济发展水平有利于提高农村地区女性创业创新意识和创业绩效，同时创新精神越强的创业者，从事创业活动的成效越好。文亮和李海珍（2010）的研究表明，创业氛围、创业激励、物质精神支持、上下游市场网络对创业绩效会产生直接影响，最显著的是创业氛围，激励体系次之。朱红根和梁曦（2018）认为，农民工在创业初期由于面临土地、资金等要素短缺，政府需要通过降低创业门槛、简化办事流程、提供要素保障、强化政策落实等一系列措施，营造积极的创业氛围，促进农民工创业成长。严爱玲等（2020）研究了互联网金融与新农人创业绩效的关系，指出互联网金融对新农人创业绩效具有积极影响，更对乡村振兴战略目标的实现具有重要意义。尹志超等（2015）研究了金融知识对家庭创业决策和创业动机的影响。研究发现，金融知识对促进家庭创业参与、增强创业动机的作用显著，政府除了为创业者融资创造良好的金融生态环境之外，还应该通过各种渠道普及金融知识，加强对创业者金融知识的培训，以提升创业者的金融技能。李树和于文超（2018）把金融机构分为正规金融机构和非正规金融机构，并指出以银行为代表的正规金融机构更倾向于贷款给规模较大的"雇主"型创业企业[1]，而以小额贷款公司为代表的非正规金融机构更倾向于贷款给规模较小的"自雇"型创业。因此，农村金融机构、金融服务、金融产品的多样性不仅有助于提升农民创业意愿，也有助于促进创业企业扩大规模、提升效益。易朝辉和夏清华（2011）基于资源视角研究创业导向与创业绩效的关系，指出由于不同创业者的资源需求存在差异，提高创业者的资源获取能力，实现资源供给与创业企业成长阶段的相匹配是影响创业绩效的关键因素。向赛辉和孙永河（2021）将高层次人才

---

[1] "雇主"型创业大多是为寻求商业机会，而"自雇"型创业更可能是获得就业机会以解决个人生计。

创业绩效分为创业生存绩效和创业成功绩效两方面[①]，政府支持对高层次人才的创业生存绩效和创业成功绩效都具有显著正向影响。

1.2.2.4　创业政策研究

创业政策是指政府为激发个体创业动机、提升创业技能、创造创业机会、提高创业成功率，在创业准备阶段和创业发展阶段采取的一系列扶持措施，其本质是通过政策来改善创业环境，激励更多个体从潜在的创业者成长为真正的创业者，从而达到以创业带动就业的目的。

（1）营商环境研究方面。崔传义（2015）提出，市县政府不仅要注重向外招商引资，更要注重为本地居民创业、草根经济、小微企业提供支持，把农民工返乡创业提上重要议事日程，实行普惠性、扶持性政策组合，加大对创业的支持力度。辜胜阻和武兢（2009）认为，优化创业环境要简化程序，提高创业的审批效率，开辟农民工创业的绿色通道，按照"特事特办"的原则，采取集中并联审批，提供"一站式服务"。文亮等（2011）指出，政府制定的创业机会政策应该在提供创业信息方面给予支持，同时尽快清理和规范现有政策中不利于创业和中小企业发展的限制性措施，消除对中小企业的政策性歧视，降低创业条件和门槛，大幅度简化创办中小企业的手续。刘刚等（2016）指出，政府要完善准入准出门槛设计，建立分步骤渐进式的准入准出门槛机制，下放或取缔部门性、行业性、领域性、地方性，甚至企业性的行政审批，赋予市场在资源配置和破除壁垒方面的决定性作用。王国斌（2021）认为，培育农村创新创业人才，要改善农村创新创业环境，通过建设服务窗口、提供一站式服务，为创业

[①]　向赛辉将创业生存绩效界定为反映创业目标的落实程度，以及创业过程中资源竞争优劣情况、企业在市场中的稳定情况等，包括初期的资源识别、后期的规模效益，以及自由竞争环境下的生存能力；创业成功绩效反映企业长远发展，实现发展利益最大化，包括未来几年的发展趋势、企业成长空间等。

人员提供优质服务，同时将国家创业扶持政策转化为各项任务落实下去，让培育农村创新创业人才的各项工作实起来。阳立高等（2008）提出，把政府官员引导与促进农民工返乡创业的工作成效指标化，并将其作为督查、考核、评价的重要依据，以促进创业政策真正落实到位。张志锋（2020）指出，打造公平、高效、透明、开放的营商环境，是返乡入乡创业最有力的保障。张秀娥和孙中博（2014）认为，面对创业可能遭遇的失败和挫折，应该营造宽容失败、理解失败、鼓励失败者走向成功的舆论氛围。

（2）创业服务研究方面。郑风田和孙谨（2006）认为，创业项目是失地农民创业的载体，选择好的创业项目可以提高创业成功率，政府和其他服务机构可以针对失地农民自身的特点为其提供门槛较低且多为劳动密集型的项目，引导失地农民走入市场。张珺（2013）提出，地方政府相关部门应根据本地区经济社会发展实际，编制"创业参考项目目录"，供有创业意愿的返乡大学生、农民工选择，并对不同项目的市场前景、可能的风险、其他地区优秀经验进行宣讲。张秀娥和孙中博（2014）指出，小城市（县）、镇政府机构要通过鼓励创业落户、扩大城镇医疗保险覆盖范围等措施为新生代农民工市民化提供外部保证，彻底打消新生代农民工返乡创业的后顾之忧。郭军盈（2006）认为，应大力发展以土地、资金和技术为纽带的专业合作组织，加快发展农民自愿组织，农民自主管理、政府积极扶持的各种专业协会和经济联合体，推动农民集体创业。文亮等（2011）提出，应该对初创企业提供商业支持，如建立专门的新创企业服务中心，对新创业者提供一站式服务、顾问指导和培训项目等。张秀娥和马天女（2016）在借鉴国外促进大学生创新创业做法的基础上，提出应加强大学与企业密切合作，搭建企业与学校间的创新创业实践平台，为大学生提供创新发明的实验室、实践基地等平台，做好项目对接、企业孵化工作，使大学生的创新发明、创意设计商业化。王辉和朱健（2021）提出，建立乡村创业社区和社会关系网络，促进各种创业信息、创业资源等共享，不断丰富农民工的社会资源。

（3）财税支持研究方面。阳立高等（2008）认为，政府应根据农民工进入不同行业的创业特征，对不同特征的市场主体确定不同的税费减免期限。辜胜阻和武兢（2009）指出，要将财政政策与其他创业扶持政策有效结合，对农民工的新创企业可以规定在一定期限内实行免税或者优惠税率，减免返乡农民工创业的工商登记费等行政事业性收费，设立农民工返乡创业专项扶助基金，为农民工返乡创业提供融资补贴。王胜利和何小勇（2011）提出，政府应设立农民工返乡创业专项基金，用于扶持企业技术改造、奖励等，降低税收和行政事业性收费，减少返乡农民工创业成本。张秀娥和郭宇红（2012）认为，在符合贷款贴息条件的前提下，对农民工创办的有利于农业产业化发展的企业优先给予贷款贴息；对就业带动效果明显的企业，优先给予项目贷款贴息。张珺（2013）指出，地方政府应免除返乡大学生、农民工创业者自工商部门登记注册 3 年内登记、管理、办证等方面的行政事业性收费，并根据创业市场主体的性质和经营状况实行差异化税率和税收的延迟征收。

（4）金融服务研究方面。郑风田和孙谨（2006）在借鉴我国科技型中小企业发展基金思路的基础上，提出专门设立失地农民创业基金来解决其创业启动资金问题。刘志荣和姜长云（2008）提出，构建农民创业融资体系，改革现行贷款制度，全面推广小额农业贷款，在贷款期限上适当根据创业项目资金流特征延长贷款期限，在贷款利率上实现动态利率制度，并设立专项资金帮助回乡农民创业。董玉华和王性玉（2021）认为，创业融资是创业过程中最重要的活动之一，放宽创业融资抵押物范围，有效发挥农村土地产权抵押融资功能是化解返乡创业农民信贷约束的重要措施，可在县、镇、村三级成立农村产权金融服务站，先由村委核实交易真实性，再由乡镇初评价值，最后由县级土地产权交易中心确定最终价值，并办理相关融资手续。胡豹（2011）提出，应建立良好的融资担保体系，推行专项贷款，构建信用评价体系，发展各种微型金融机构，完善金融信贷服务等方面的具体对策，解决农民工创业融资难问题。尹志超等（2015）指出，金融知识对促进家庭创业参与、增强创业动机作用显著。因此，政府除了加大对返乡创业者的金融支持、改善资本约束之外，也要重视对居民金融知识特别是与创业活动相关知识的培训。李树和于文超（2018）认为，村镇银行、农村资金互助社、小额贷款公司等非正规金融机构比正规金融机构更能促进农民创业①。因此，农村金融改革过程中，政府应进一步降低市场准入门槛，丰富农村金融服务主体，构建多层次、多样化、全覆盖的金融服务体系。刘宇娜和张秀娥（2013）认为，制约中小企业融资难的主要原因在于银行和企业之间的信息不对称，而解决问题的关键在于降低银行监督成本和信息披露成本，规范和完善中小企业信息披露制度。杜跃平和马晶晶（2016）的研究结果表明，科技创新创业者对陕西省金融政策的满意度一般。因此，政府应在融资结构、机构体系、市场体系、产品体系、融资担保等方面为创业者营造良好的金融服务环境，而非直接资助或补贴。

（5）要素保障研究方面。辜胜阻和武兢（2009）认为，可以放宽经营场所的范围，允许返乡创业人员将家庭住所、租借房、临时商业用房作为创业经营场所，以解决返乡创业用地难问题。李翔（2009）提出，要引导和鼓励返乡创业农民工通过租赁、承包等合法方式，利用闲置土地、闲置厂房、荒山、荒滩等场地进行创业；通过村庄整治等方式盘活存量集体建设用地，将置换出来的集体建设用地优先用于农民工返乡创业。张秀娥和孙中博（2013）提出，政府应将新生代农民工返乡创业用地纳入村镇发展、农村建设的总体规划统筹安排中，适当开发荒山荒地，建设一定比例的廉租厂房，为新生代

---

① 这里的正规金融机构主要是指受一般法律约束并接受专门的监管机构监管的金融机构，如政策性金融机构、国有大型商业银行、全国性股份制商业银行、城市商业银行、农村信用社，以及经过合法注册的提供金融服务的非银行金融机构。非正规金融机构主要是指村镇银行、农村资金互助社、小额贷款公司等。

农民工返乡创业提供生产经营场地。

（6）创业平台研究方面。王琦和陈金英（2011）指出，建立回乡农民工创业基地可以从三个层面展开：一是将农民工回乡创业同城镇化战略结合起来；二是积极发展中小企业创业基地、各类专业批发市场、商业街、商贸城等用于农民工回乡创业；三是积极建设农民工回乡创业园区，并加大园区周边基础设施建设和配套服务。崔传义（2016）认为，依托小城镇建立农民工返乡创业园区，并对进入园区的创业农民工实施优惠租金、提供配套服务，形成政策、服务与场所设施三结合的创业平台和孵化器。齐峰（2018）提出，要创建多层次、多类型的农民工返乡创新创业园区，设置可复制、可推广的创新创业孵化基地、示范点和服务站，发挥平台整合资源的集聚效应和示范引领作用。石丹淅和王轶（2021）认为，建立包容性更强的返乡创业产业园区，制定针对能吸纳更多农民工返乡创业者入园的倾向性政策细则，这不仅可以解决返乡农民工创业用地问题，也为其提供低成本、全要素、便利化的创业服务。

（7）创业培训研究方面。辜胜阻和武兢（2009）提出，政府在创业培训资金保障上，要将农民工培训资金列入政府预算；在创业培训内容上，要将技能培训与培养创业意识、创业能力结合起来；在创业培训机制上，要在政府主导的原则下，引入多方主体参与，积极整合各种培训资源；在创业培训运行上，要建立培训信息反馈机制和培训效果评价机制，提高创业培训的有效性。韩秉志（2020）认为，对农民工的创业技能培训必须到农民工中间去，充分了解他们的需求，详尽掌握农民工的技能需求和学习意愿，做到"精准渗透"。方鸣（2021）指出，创业培训能显著提升创业绩效，政府应针对农民工创业的技能需求，因人、因地制定有针对性的培训内容，采取分层次、分行业、分创业项目的形式将农民工创业者分成有一定共性的不同群体，力求能够为不同群体的不同需求开展个性化创业培训。姚雪青（2020）认为，可以通过各地"土秀才①"技术指导、专家成果转化、企业家创业引领等方式，加大对返乡创业农民工的技术指导。

（8）示范引导研究方面。齐峰（2018）认为，要运用多种渠道和方式，广泛宣传推介支持农民工创新创业的政策规定，建立创新创业示范样本库，加大先进典型、先进经验的宣传力度，通过舆论宣传、物质和精神鼓励等措施，积极发挥创业带头人的典型示范作用，营造良好的舆论氛围。方鸣（2021）提出，应积极宣传返乡农民工创业扶持政策，使农民工充分了解和运用相关政策，提升农民工返乡创业绩效。张思阳等（2020）指出，政府相关部门应建立完善的线上信息服务平台，及时发布返乡创业的相关政策信息，同时加强对信息的管理，让虚拟社会资本切实为农民工返乡创业提供助推力。

1.2.2.5 创业政策评价研究

（1）创业政策满意度研究方面。刘小春等（2011）的研究表明，农民工对创业政策宣传不满意，创业培训、项目支持、信贷扶持、用地优惠是农民工最急需的支持政策。朱红根等（2011）将创业培训评价、创业园区评价、用地优惠评价等作为中间变量，个人特征和家庭因素作为初始变量，对创业政策满意度进行多元回归分析。研究表明，中间变量中信贷扶持评价、用地优惠评价对总体政策满意度影响最大，初始变量中家庭收入水平对总体政策满意度影响最大。方鸣和詹寒飞（2016）认为，创业者的年龄、性别、文化水平等个体特征，技能水平、培训经历等人力资本，以及对政策的评价是影响返乡农民工对创业政策满意度评价的重要因素，但各自的影响程度不同，影响大小依次为政策评价、个体特征、人力

---

① "土秀才"是指长期扎根于本土，活跃于村民中间，掌握成熟的农业技能，有着丰富的农业作业经验的一批人，虽然他们没有高学历，但确是乡村振兴中不可缺少的重要人才资源。

资本。田贤鹏（2016）研究发现，高校创新创业教育政策实施的整体满意度一般，在培养机制、考核方式、教学管理上的满意度明显高于在课程体系和实践指导上的满意度，而且女生满意度高于男生，东中部地区学生的满意度高于西部地区。杜跃平和马晶晶（2016）基于陕西省西安市、宝鸡市、咸阳市 300 家科技创新型企业调查数据，运用分层回归法检验了创业者的政策知晓度、公共服务程序及服务人员素质对政策满意度的作用。结果表明，提高创业者的政策了解程度和政府服务人员的素质有助于提升创业者对政策的满意度，而政策满意度的提升又有助于政府公共服务在创业绩效上得到更大体现。宁德鹏和葛宝山（2017）研究发现，大学生对税收优惠、创业环境、金融支持、配套措施总体政策满意度超过60%，为进一步提高大学生创业积极性，还需加大创业政策的宣传力度，营造良好的创业文化氛围。

（2）创业政策绩效评价研究方面。王良健和罗飞（2010）根据顾客满意度指数评价模型，从 1 个一级指标、6 个二级指标、26 个三级指标，构建基于农民满意度的我国惠农政策实施绩效评价指标体系，并运用综合评价法进行实证研究。陈昭玖和朱红根（2011）认为，要真正发挥创业支持政策的作用，政府不仅要制定政策，更要通过各种渠道将政策内涵宣传到位、政策措施落实到位，让农民工创业者从政策中获得实实在在的利益，以提高政策的效果。唐海仕和姜国俊（2012）在创业环境分析框架 MOS模型①基础上，结合我国大学生创业实践，从创业教育、创业促进、减少障碍、启动支持、启动融资、目标群体政策六个方面构建大学生创业环境评价指标体系。卿涛和古银华（2014）基于

---

① MOS 模型是瑞典学者（Lundstrom & Stevenson，2001）通过对瑞典、美国等 10 个国家创业政策的考察，指出创业政策体系包括三大核心要素：创业动机、创业机会和创业技能，并提出创业政策体系的六个维度：促进创业文化政策、创业教育政策、减少进入障碍政策、启动资金扶持政策、创业商务支持政策和特殊群体扶持政策。

GEM 模型①和 MOS 模型，构建从创业者成长阶段、创业政策领域、创业政策层次"三维一体"的创业政策评估体系，并根据各类创业政策的层次、内容，运用内容分析法进行综合评价。肖潇和汪涛（2015）从大学生创业的三个阶段：潜在创业者、初期创业者、新生企业所有者，以及创业文化政策、创业教育政策、减少障碍政策、资金扶持政策、商务支持政策五大类创业政策，运用内容分析法对北京市中关村和武汉市东湖高新区大学生创业政策进行实证评价研究。侯俊华和丁志成（2016）认为，让农民工全面了解并掌握政策信息是创业政策实施的前提，政策不折不扣的精准落实是影响创业政策绩效的决定性因素。薛浩和陈桂香（2016）指出，大学生创业政策评价应按照可比性、全面性、综合性、综观性的原则，评价标准应包括效率性、效益性、公平性、回应性、执行力。在此基础上提出创业总体竞争力、创业效益、创业服务 3 个一级指标，创业规模、创业质量、经济效益、社会效益、优惠政策、创业服务 6 个二级指标，创业成功率、企业发展率等 32 个三级指标，并运用层次分析法对各指标进行赋值，从而优化大学生创业政策评价体系。包云娜（2020）认为，政策评估应具有连续性和完整性，创新创业政策评估应包括政策制定、政策执行和政策效果三个目标层。在此基础上，以四级树状式结构形式，构建了创新创业政策评估指标体系，包括 3 个一级指标、7 个二级指标、33 个三级指标、94 个四级指标。

1.2.3　创业研究发展趋势

近年来，党中央、国务院、国务院各部门及地方政府陆续出台了

---

①　GEM 模型（全球创业观察）是美国百森商学院和英国伦敦商学院于 1997 年共同发起成立的研究项目，旨在研究全球创业活动的态势和变化，分析各国创业活动的动机、行为、创业环境及政府政策等因素，从而发掘国家创业活动的驱动力及创业与经济增长之间的作用机制。

一系列支持创新创业的政策措施，这些政策措施总体上呈现三个方面特点：一是党中央、国务院制定宏观性、战略性、指导性的战略举措，国务院各组成部门在各自业务管辖范围内制定更丰富的目标、任务和主要措施，各地方政府结合地方实际制定更加细化的落实举措，这体现出创业政策更加具体化。二是促进创业的政策从重视科技创业、下岗再就业到重视普遍的创业活动，这体现出创业政策更具普惠性。三是创业政策导向从单纯提供优惠政策向提供优惠政策、优化创业环境、健全创业服务并举转变，这体现出创业政策导向更趋市场化。在我国"三农"工作重心发生历史性转移的大背景下，农业农村的吸引力会提升，创业主体会越来越多样化、创业业态会越来越多元化，这需要创业研究随经济社会实践的变化而变化。一是结合国外创业研究主题，对中国情境下的返乡农民工、大学生、退役军人、女性创业群体的独特性展开研究。二是可以探讨中国情境下不同类型的创业者，其创业过程的显著差异与相似特征，创业动机形成的主要影响因素等内容。三是包括不同区域的创业集聚、地方创业生态形成、人口流动与异地创业，也包括地区孵化器或众创空间的内在运营机制对地区产业结构的影响（周冬梅等，2020）。四是将基于国家规划或运作成熟的创业政策"自上而下"推进实施，同时将地方先行先试、成效显著的创业政策"自下而上"扩大实施，从而形成"上下互通、互动、互促"的创业政策形成机制。五是国家层面政策更加聚焦长远规划，如优化环境、产权保护、公共服务等，而地方层面政策更加聚焦注重实效，如创业培训、创业补贴、项目申报等（李程等，2020）。

1.2.4 文献评述

在全面推进乡村振兴进程中，返乡创业已成为乡村产业振兴的重要抓手。因此，以上学者的研究方法、研究成果为本书提供了重要借鉴与参考，提出的政策建议对促进陕西省返乡创业高质量发展具有重要的现实参考意义。但还存在进一步的研究空间：一是多数文献把研究对象集中于农民工群体，而目前返乡创业者除了农民工，还有大学生、退役军人、妇女等。因此，应将研究对象范围扩大，以期获得更加具有普遍性的结果。二是已有文献研究范围多集中于全国或中东部地区①，在西部地区，由于其经济发展水平、产业结构、人文环境、创业项目选择等与中东部地区具有差异性，因此创业者政策需求侧重点与中东部地区相比会有所不同。三是当前学者对创业政策绩效评估研究多集中于创业政策制定、执行环节，未将政策执行环节中的政府机构工作效率考虑进去，而政策机构工作效率的提升有助于实现政府和创业者之间的良性互动，降低政策的执行成本，提高政策的实施效果。鉴于此，本书在问卷调查时将农民工、大学生、退役军人、妇女四支创业队伍全覆盖，以体现样本的代表性。在创业政策绩效评价方面，从政策宣传、政策执行、政策效果、政策反馈、工作服务五个方面构建评价指标体系，以期能够获得更加全面、客观的评价结论，提出更加具有针对性的政策建议。

1.3 研究内容、目标、方法

1.3.1 研究内容

（1）创业问题文献研究与创业政策梳理。一是以 CSSCI 来源期

---

① 汪昕宇等（2018），以 2003～2018 年 CSSCI 来源期刊为文献检索来源，检索出与农民工返乡创业影响因素研究主题关联度很高的 158 篇文献作为分析的文献基础，其中，全国性研究占到所搜集文献的 54%；区域研究为 46%，主要涉及江西省、四川省、湖北省、河南省、安徽省、湖南省、江苏省、重庆市、贵州省、浙江省、甘肃省、福建省等地。

刊为文献检索来源，将与创业绩效、创业政策、创业政策评价研究主题密切相关的文献作为分析的基础，学习掌握已有学者创业问题研究的重点和方法。二是阐述乡村振兴战略提出的历史背景、科学内涵，乡村振兴与返乡创业的互动关系，研究资源基础理论、创业特质理论、创业过程理论、创业机会理论和绩效评价理论。三是系统梳理党中央、国务院、国务院各部委、陕西省及部分地市政府制定出台的创业政策文件，深入分析文件中的政策类型、具体措施，为本书研究思路的确定、模型的建立与实证分析提供理论基础和政策依据。

（2）陕西省返乡创业现状分析。利用问卷调查和实地调研所了解的创业者个体因素、家庭因素、创业环境等信息，结合创业典型案例，以统计性描述法全面分析返乡创业的基本特点、经济社会效应、面临的主要问题、创业政策实施效果，并简要归纳目前陕西省扶持返乡创业的主要政策措施。

（3）返乡创业者创业绩效影响因素分析。在全面分析创业现状的基础上，基于231个创业者的调查数据，运用二分类 Logistic 回归模型，实证分析返乡创业者创业绩效的影响因素，探究哪些因素会对创业绩效产生显著影响，从而为创业政策体系构建提供指引。

（4）影响创业政策满意度的路径分析。创业政策满意度是衡量政策是否真正落地见效的重要指标。基于理论研究和问卷调查，提出影响创业政策满意度的理论机理分析框架，运用多元回归分析，探究返乡创业者个体因素、政策知晓度、政策利用难易度、创业氛围对创业政策满意度的影响路径，并计算路径系数。

（5）影响创业政策绩效的因素分析。运用主成分分析法、满意度测评法，对影响创业政策绩效的因素进行实证研究，并结合四分图模型，确定每个影响因素的定位区间，结合现有政策，总结经验与不足，为后续政策建议提供实证依据。

（6）创业政策绩效评价实证研究。在文献研究、政策梳理、现状分析的基础上，构建了一个包括政策宣传、政策执行、政策效果、政策反馈、工作服务5个一级指标，政策知晓度、创业培训、政府机构工作效率、创业氛围等21个二级指标在内的陕西省创业政策绩效评价指标体系。利用熵值法确定各层级评价指标的权重，并运用模糊综合评价法对陕西省创业政策绩效作出分层评价和总体评价。

（7）促进陕西省返乡创业发展的政策体系构建。在深入分析创业现状的基础上，结合实证研究结论和调研结果，提出创业政策体系构建的指导思想、基本原则，并从优化创业环境、健全创业服务、加大财税支持、创新金融服务、强化要素保障、打造创业平台、加强创业培训、加强市场开拓、加强示范引导九个方面提出完善陕西省返乡创业政策体系的建议，为返乡创业者营造更加良好的发展环境。

本书的研究基本思路与技术路线如图1-1所示。

1.3.2　研究目标

本书以陕西省为例，在文献研究和创业政策文件分析的基础上，系统梳理创业政策脉络、总结政策特点。在问卷调查和实地走访的基础上，详细分析陕西省返乡创业现状。基于231位创业者的调查数据，从理论和实证两个方面研究返乡创业者创业绩效、影响创业政策绩效的因素及创业政策评估。在现状分析和实证研究结论的基础上，提出创业政策体系构建的指导思想、基本原则和政策建议。具体研究目标如下：

（1）研究乡村振兴与返乡创业的互动关系，结合调研典型案例，分析全面推进乡村振兴进程中返乡创业的经济社会效应及面临的主要问题。

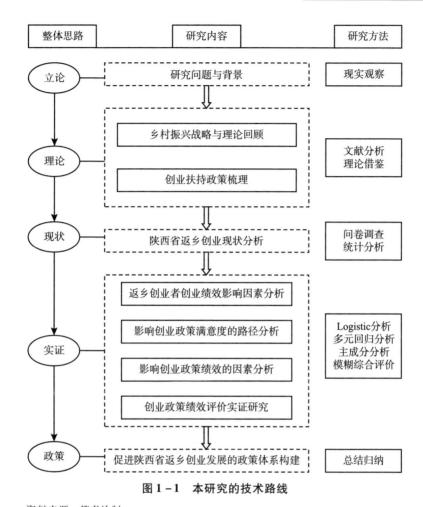

图1-1　本研究的技术路线

资料来源：笔者绘制。

（2）运用二分类 Logistic 回归模型，实证分析返乡创业者创业绩效的影响因素。

（3）根据理论分析框架，运用多元回归分析探究返乡创业者个体因素、政策知晓度、政策利用难易度、创业氛围对创业政策满意度的影响路径。

（4）运用主成分分析（PCA）、四分象限模型实证研究影响创业政策绩效的关键因素。

（5）构建创业政策绩效评价指标体系，运用模糊综合评价法，对陕西省创业政策绩效作出分层评价和总体评价。

（6）根据实证研究结论和实地调研结果，结合现有政策措施，提出促进陕西省返乡创业发展的政策建议。

1.3.3　研究方法

（1）文献研究法。大量阅读相关文献，对文献进行系统梳理，学习借鉴已有学者的研究视角、研究思路、研究方法，在此基础上提出本书的研究思路与方法。

（2）问卷调查法。从创业者个体特征、创业行为和创业政策实施效果等方面，设置详细的调查问卷，在全省范围内进行问卷调查，根据调查的实际情况和相关数据，深入分析陕西省返乡创业现状。

（3）比较分析法。一是横向比较，借鉴国内发达地区支持返乡创业的经验做法，结合陕西省创业者的特点，分析陕西省返乡创业政策在宣传、执行环节存在的不足。二是纵向比较，详细梳理近十年来，党中央、国务院、国务院各部委、陕西省政府及部分地市制定的创业政策文件，深入分析不同时期文件中的政策类型、具体举措，按照巩固拓展脱贫攻坚成果同乡村振兴有效衔接的要求，分析乡村振兴背景下创业政策还需强化和完善之处。

（4）实证研究和规范研究相结合。通过问卷调查和实地调研获取的调查数据，运用二分类 Logistic 回归模型，实证分析返乡创业者创业绩效的影响因素；运用多元回归分析法，探究不同因素对创业政策满意度的影响路径；运用主成分分析法（PCA）、四分象限模型实证研究影响创业政策绩效的关键因素；运用模糊综合评价法对陕西省创业政策绩效作出评价。根据实证研究结论和实地调研结果，从优化创业环境、健全创业服务等九个方面，提出促进陕西省返乡创业发展的政策建议。

1.4　研究的创新点和重难点

1.4.1　可能的创新

（1）基于地区资源禀赋、特色产业、创业者相对集中的行业，探索刚刚完成脱贫攻坚任务的陕西省在乡村振兴中如何通过创业带动就业，实现产业振兴，巩固拓展脱贫攻坚成果将是有益的尝试。

（2）本书对创业政策绩效评价除集中于政策执行环节外，还将政策宣传、政策效果及政策执行环节中的政府机构工作效率考虑进去，从而构建一个基于"主体—行为—结果"的创业政策绩效评价理论框架，为完善创业政策绩效评估理论研究提供新的思路。

1.4.2　研究的重难点

（1）本书的研究重点：一是系统梳理党中央、国务院、国务院各部门、陕西省政府出台的创业政策文件，深入分析其中的政策类型、具体举措及政策侧重点的历史演变，并从历史视角探寻乡村振兴战略的来龙去脉。二是通过问卷调查和创业典型案例分析，详细分析陕西省返乡创业的基本特点、行业选择、经营效益及面临的主要问题等。三是运用相关计量经济学方法，对返乡创业者创业绩效、创业政策评价进行实证研究。

（2）本书的研究难点：一是评价指标设计，由于影响创业绩效和政策评价的因素较多，如何构建客观且较为全面的评价指标体系是其难点之一。二是数据的有效性，由于一些企业的生产经营数据具有一定的敏感性，加之被调查主体的主观性、调查样本数量和行业属性等因素的影响，如何确保调查数据的有效性和评价结果的客观性、准确性是其难点之二。

1.5 本章小结

本章以现实中观察的问题作为研究起点，介绍了研究背景、研究意义、研究现状、研究目标、研究方法、总体框架、重点难点，从四个部分进行论述。一是阐述了本书的研究背景，研究的理论意义、实践意义；二是对创业活动与经济发展、创业行为、创业绩效、创业政策、政策绩效评价五个方面的国内外文献进行研究，在此基础上探究创业政策未来演变趋势；三是介绍了本书的整体研究思路、研究内容、研究目标、研究方法；四是介绍了本书可能的创新点、研究的重点和难点。

第 2 章　乡村振兴战略
与理论回顾

2.1　乡村振兴战略

2.1.1　乡村振兴战略的提出

2016 年 4 月 25 日，习近平总书记在小岗村主持召开农村改革座谈会时强调，"改革开放以来农村改革的伟大实践，推动我国农业生产、农民生活、农村面貌发生了巨大变化，为我国改革开放和社会主义现代化建设作出了重大贡献。[①]"改革开放以来，除家庭联产承包责任制和乡镇企业发展具有一定自发性以外，党中央对"三农"工作是有战略安排的，这些战略的总体方向是确定的，具有稳定性和连续性，但面对不同时期的具体任务时，又会有不同的战略、策略和具体措施，呈现出阶段性特点。改革开放以来，党中央关于农村发展战略大致分为五个阶段（黄少安，2018）。

第一阶段：1978～1988 年。这一阶段的农业主要是解决粮食产

[①] 习近平. 加大推进新形势下农村改革力度　促进农业基础稳固农民安居乐业［EB/OL］.（2016 - 04 - 29）［2021 - 10 - 15］. https：//epaper. gmw. cn/gmrb/html/2016 - 04/29/nw. D110000gmrb_20160429_1 - 01. htm？div = - 1.

量问题，关键是以家庭联产承包责任制为核心的体制改革。1978年，我国粮食总产量3047.5亿公斤，人均粮食占有量仅为316.5公斤（陈锡文，2018）。9亿多人民的吃饭问题和不断提高全国人民的生活水平是当时面临的主要问题，而解决这个问题的关键在于农业经营体制改革，核心是实施家庭联产承包责任制。1979年9月，党的十一届四中全会通过的《中共中央关于加快农业发展若干问题的决定》明确指出，"可以按定额记工分，可以按时记工分加评议，也可以在生产队统一核算和分配的前提下，包工到作业组，联系产量计算劳动报酬，实行超产奖励。"这初步肯定了"包产到户"的做法。1982年，中央一号文件首次明确指出，"目前实行的各种责任制，包括小段包工定额计酬，专业承包联产计酬，联产到劳，包产到户、到组，包干到户、到组等，都是社会主义集体经济的生产责任制。"此后，家庭联产承包责任制在全国推广，它将统一经营与分散经营相结合，使集体优越性和个人积极性同时得到发挥，极大地调动了广大农民的生产积极性。这是在党的领导下我国农民的伟大创造，是马克思主义农业合作化理论在我国实践中的新发展，也反映出党在制定政策过程中尊重群众创造、实事求是、与时俱进的态度。自农业经营体制改革取得重大突破后，到1984年我国粮食总产量达到4073亿公斤，人均粮食占有量达到390.5公斤，较1978年增长23.4%（陈锡文，2018）。实践证明，这一时期党对农村工作的决策是完全正确的，农村发展战略是完全对路的，农村改革取得了重大突破，农业发展取得了巨大成功，全国人民的温饱问题基本解决。

第二阶段：1989～1997年。这一阶段主要是稳定家庭联产承包责任制，解决好"米袋子""菜篮子"和"钱袋子"问题，同时把乡镇企业[①]

---

① 乡镇企业是指农村集体经济组织或者农民投资为主，在乡镇（包括所辖村）举办的承担支援农业义务的各类企业。1996年通过《中华人民共和国乡镇企业法》以前称之为"社队企业"。

上升为国家农村发展战略。在农业经营体制改革取得重大突破后，农村经济焕发出了新的活力。党中央除了继续稳定和完善家庭联产承包责任制①，调动农民生产积极性，继续采取一系列政策措施，加快农业发展、减轻农民负担、增加农民收入之外，如何在这个基础上推进中国特色农村工业化，逐步实现农业现代化成为必须考虑的问题。自1978 年起，乡镇企业就开始发展，1979 年 9 月，党的十一届四中全会明确指出，"发展各项农业基本建设和发展农村社队企业，对于改造农业生产自然条件，提高农民扩大再生产的物质能力，起了显著作用，必须十分重视。国家对社队企业，分别不同情况，实行低税或免税政策。"随着党中央把促进乡镇企业发展有意识地提升为国家农村发展战略后，乡镇企业获得迅速发展②，农村各类资源得到充分开发利用，农业单一产业结构得到改变，农民物质文化生活水平得到提高。乡镇企业成为了国民经济的重要组成部分、农村经济的重要支柱、农民就地就近就业的主渠道，城乡经济市场化改革和以工哺农的先导力量。

第三阶段：1998～2003 年。这一阶段主要还是稳定和完善家庭联产承包责任制，减轻农民负担，改革粮食流通体制，同时把小城镇建设作为带动农村经济社会全面发展的综合性大战略。家庭联产承包责任制的实行，突破了计划经济模式，解放和发展了农村生产力，提高了农业生产效率，基本解决了全国人民的吃饭问题。乡镇企业的异军突起和迅速发展，带动了农村产业结构、就业结构变革和小城镇发展，开创了一条具有中国特色的农村现代化道路。如何逐步缩小城市农村的差别、工业农业的差别，实现中国特色的工业化、城镇化、农

---

① 1984 年中央一号文件明确提出，"土地承包期一般应在 15 年以上。"1997 年，中共中央办公厅印发《关于进一步稳定和完善农村土地承包关系的通知》，正式明确土地（耕地）承包期 30 年，这是标志性文件和事件。

② 1978～1983 年，乡镇企业总产值从 493.07 亿元迅速增加到 1016.83 亿元，职工人数从 2826.56 万人增加到 3234.64 万人。到 1988 年，中国乡镇企业数量已经发展到 1888.16 万个，总产值达到 6495.66 亿元，职工人数达到 9545.46 万人。

业现代化融合发展成为必须考虑的问题。早在 1979 年 9 月,党的十一届四中全会就提出,"有计划地发展小城镇建设和加强城市对农村的支援,逐步用现代工业交通业、现代商业服务业、现代教育科学文化卫生事业把它们武装起来,作为改变全国农村面貌的前进基地。"1993 年 11 月,党的十四届三中全会指出,"加强规划,引导乡镇企业适当集中,充分利用和改造现有小城镇,建设新的小城镇。"1998 年 10 月,党的十五届三中全会进一步指出,"发展小城镇,是带动农村经济和社会发展的一个大战略,要制定和完善促进小城镇健康发展的政策措施,进一步改革小城镇户籍管理制度。"2002 年 11 月,党的十六大报告提出,"要逐步提高城镇化水平,坚持大中小城市和小城镇协调发展,走中国特色的城镇化道路。"从党对小城镇发展的基本思路可以看出,小城镇战略是农村发展战略,是立足农村、提升乡镇企业深度和广度的农村综合发展战略,其更加强调城镇化,也体现了城乡统筹的基本思路(黄少安,2018)。

第四阶段:2003~2012 年。这一阶段的农村发展战略主要体现为"三农"统筹、城乡统筹和新农村建设。农业是国民经济基础,任何时候都不能放松对"三农"工作的重视,在强调快速推进城镇化的同时,党中央将农村发展战略重点转移到新农村建设上来。早在 1984 年中央一号文件就首次提出"建设社会主义新农村。"但此时的社会主义新农村还只是我们的一个奋斗目标。2000 年 3 月 2 日,中共中央、国务院发出《关于进行农村税费改革试点工作的通知》;2003 年 3 月 27 日,国务院《关于全面推进农村税费改革试点工作的意见》;到 2005 年 12 月 29 日,第十届全国人民代表大会常务委员会第十九次会议决定,《中华人民共和国农业税条例》自 2006 年 1 月 1 日起废止,农业税全面取消,农民负担得到切实减轻。随着农民负担的逐步减轻,如何建设社会主义新农村便成为了一项重大任务。2005 年 10 月,党的十六届五中全会指出,"建设社会主义新农村是我国现代化进程中的重大历史任务。要按照生产发展、生活宽裕、乡风文明、村容整洁、管理民主的要求，坚持从各地实际出发，尊重农民意愿，扎实稳步推进新农村建设。"2006 年，中央一号文件明确提出，"'十一五'时期是社会主义新农村建设打下坚实基础的关键时期，是推进现代农业建设迈出重大步伐的关键时期，是构建新型工农城乡关系取得突破进展的关键时期，也是农村全面建设小康加速推进的关键时期。"文件围绕社会主义新农村建设，从加强领导、产业支撑、经济基础、物质条件、新型农民、体制保障、乡村治理机制七个方面做了全面部署。2007 年 10 月，党的十七大报告进一步提出，"统筹城乡发展，推进社会主义新农村建设。"可以说，这段时期我国农业取得了较大发展，农民收入得到了较大提高，社会主义新农村建设取得了较大进展，为做好新时代"三农"工作奠定了坚实基础（黄寿峰，2020）。

第五阶段：2012 年至今。这一阶段的农村发展战略实现了从"新农村建设战略"到"新农村建设战略"与"新型城镇化战略"并举，再到"乡村振兴战略"与"新型城镇化战略"并举的演变。进入新时代，在以习近平同志为核心的党中央坚强领导下，在社会主义新农村建设和美丽乡村建设等农村发展战略的推动下，在一系列强农惠农富农政策支持下，农业农村发展取得了历史性成就、发生了历史性变革，农民的幸福感、获得感不断增强。但我们也要清醒认识到，我国发展不平衡不充分问题最突出表现仍然在乡村，我国的基本国情和发展的阶段性特征要求乡村必须振兴（陈锡文，2018）。一是农业农村农民问题是关系国计民生的根本性问题。2020 年中央农村工作会议上，习近平总书记指出，"历史和现实都告诉我们，农为邦本，本固邦宁。我们要坚持用大历史观来看待农业、农村、农民问题，只有深刻理解了'三农'问题，才能更好理解我们这个党、这个国家、这个民族。[①]"没有农业农村的现代化，就没有国家的现代

---

① 习近平．在 2020 年中央农村工作会议上的重要讲话［EB/OL］．（2020－12－29）［2021－10－15］．http：//www. gov. cn/xinwen/2020－12/29/content_5574955. htm？gov.

化。二是我国人口总量大，农村人口仍然较多，需要建设好乡村。2021 年底全国总人口 141260 万人，乡村常住人口 49835 万人①，即使将来城镇化水平达到 70%，还会有四五亿人生活在农村，我们不仅要重点关注已经或正在进城的农民，更要重点关注必须和不得不留在乡村的农民。由于城乡之间在经济、社会、文化、生态等方面具有不同的功能，城乡之间只有形成不同功能的互补，才能使整个国家的现代化进程健康推进（陈锡文，2018）。三是我国发展不平衡不充分问题最突出表现仍然在乡村。进入新时代，我国社会的主要矛盾已经转化为人民日益增长的美好生活需要和不平衡不充分的发展之间的矛盾，而这种发展的不平衡不充分突出反映在农业和农村发展的滞后上。农业供给质量亟待提高，新型职业农民队伍建设亟须加强，乡村发展整体水平亟待提升，城乡之间要素合理流动机制亟待健全，乡村治理体系和治理能力亟待强化等②。四是为农民开辟更广阔的就业创业空间。中国特色社会主义进入新时代，我国经济发展也进入了新时代，已由高速增长阶段转向高质量发展阶段，经济增速放缓、结构不断升级，对劳动力的需求结构出现明显变化，部分外出务工农民工适应生产力发展和市场竞争的能力表现不足，而乡村产业振兴为农民工开辟了更广阔的返乡就业创业空间。为此，2017 年 10 月，党的十九大报告首次提出，"实施乡村振兴战略。"这是我们党"三农"工作一系列方针政策的继承、发展和创新，是关系全面建设社会主义现代化国家的全局性、历史性任务，是中国特色社会主义进入新时代做好"三农"工作的总抓手。2018 年，中央一号文件对实施乡村振兴战略的目标、任务、主要措施、时间表等做了全面部署，"到 2020 年，乡村振兴取得重要进展，制度框架和政策体系基

---

① 陆娅楠. 国家统计局：2021 年末全国人口 141260 万人［N/OL］. 人民日报，2022 - 01 - 17［2022 - 01 - 30］. https：//wap. peopleapp. com/article/6469098/6353029.

② 新华社. 中共中央 国务院关于实施乡村振兴战略的意见［J］. 农村经营管理，2018（2）：10.

本形成；到 2035 年，乡村振兴取得决定性进展，农业农村现代化基本实现；到 2050 年，乡村全面振兴，农业强、农村美、农民富全面实现。"2021 年中央一号文件和 2021 年 12 月中央农村工作会议再次从乡村发展、乡村建设、乡村治理三个方面对全面推进乡村振兴作出进一步部署。

2.1.2 乡村振兴战略的内涵

党的十九大报告提出，"要坚持农业农村优先发展，按照产业兴旺、生态宜居、乡风文明、治理有效、生活富裕的总要求，建立健全城乡融合发展体制机制和政策体系，加快推进农业农村现代化。" 2018 年 9 月 21 日，习近平总书记在主持中共中央政治局第八次集体学习时指出，"农业农村现代化是实施乡村振兴战略的总目标，坚持农业农村优先发展是总方针，产业兴旺、生态宜居、乡风文明、治理有效、生活富裕是总要求，建立健全城乡融合发展体制机制和政策体系是制度保障。[①]"

新时代"三农"工作必须围绕农业农村现代化这个总目标来推进。要紧紧抓住粮食这个根本，牢牢守住 18 亿[②]耕地这个红线，确保耕地数量不减少、耕地质量有提高，不断提高农业机械化水平和科技支撑，维护好 14 亿人口的粮食安全。要加大农村基础设施、公共服务、社会治理等方面投入，不仅实现农村"物"的现代化，还要实现"人"的现代化，更要实现乡村治理体系和治理能力的现代化。坚持农业农村优先发展的总方针，就是要始终把解决好"三农"问题作为全党工作重中之重。要在资金投入、要素配置、公共

---

① 习近平. 在中共中央政治局第八次集体学习时的重要讲话 [EB/OL]. （2018 - 9 - 21）[2021 - 10 - 15]. http：//www. gov. cn/xinwen/2018 - 09/22/content_5324654. htm.

② 1 亩 ≈ 0. 0667 公顷，此处为原文引用，不作修改。

服务、干部配备等方面采取有力举措，加快补齐农业农村发展短板，不断缩小城乡差距，让农业成为有奔头的产业，让农民成为有吸引力的职业，让农村成为安居乐业的家园①。产业兴旺、生态宜居、乡风文明、治理有效、生活富裕的总要求，反映了乡村振兴战略的丰富内涵，是一种更高层级的发展目标和要求。产业兴旺是解决农村一切问题的前提，要紧紧围绕发展现代农业，加快推进农业供给侧结构性改革，抓好家庭农场和农民专业合作社两类经营主体，发展适度规模经营，创新农业发展思路，以新业态促进一二三产业融合发展，实现乡村资源的经济价值转化。生态宜居是乡村振兴的内在要求，要牢固树立和践行绿水青山就是金山银山的理念，坚持人与自然和谐共生，走乡村绿色发展之路，不断完善农村基础设施和公共服务设施，加快推进农村人居环境整治，让农村变得更美、更绿、更亮，打造农民安居乐业的美丽家园。乡风文明是乡村振兴的紧迫任务，要大力弘扬社会主义核心价值观，保护和传承农村优秀传统文化，进一步完善覆盖城乡的基层公共文化设施网络，依托乡村独具特色的丰富文化资源，开发文化产品和服务，促进文化资源与现代消费需求有效对接（范建华，2019）。治理有效是乡村振兴的重要保障，要不断推进农村基层干部队伍年轻化、专业化，强化农村基层党组织建设；不断提高乡镇服务内容、服务水平、服务效率，方便基层群众办事；不断挖掘乡村熟人社会蕴含的道德力量，充分发挥乡贤引领作用，深化村民自治实践。生活富裕是乡村振兴的主要目的，这反映了广大农民群众日益增长的美好生活需要，要始终依靠党建引领，不断深化农村集体产权制度改革，不断发展壮大农村集体经济，加快调整乡村产业结构，打造引领性农业集体产业项目，补齐农村基础设施和公共服务短板，多渠道增

---

① 习近平. 把乡村振兴战略作为新时代"三农"工作总抓手［J］. 求是，2019（11）：4 - 10.

加农民收入（丁立江，2020）。从"产业兴旺、生态宜居、乡风文明、治理有效、生活富裕"的内涵可以看出，乡村振兴涵盖经济、政治、文化、社会、生态文明等方面，包括产业振兴、人才振兴、文化振兴、生态振兴、组织振兴在内的"五大振兴"，是不可分割的有机整体，是"五位一体"总体布局和"四个全面"战略布局①在农业农村领域的具体体现，我们在实践中必须注重其内在的协同性、关联性，整体部署、一体推进。

2.1.3　乡村振兴与返乡创业的互动关系

2.1.3.1　产业振兴是乡村振兴的关键

乡村振兴战略的总要求是产业兴旺、生态宜居、乡风文明、治理有效、生活富裕，乡村振兴是包括产业振兴、人才振兴、文化振兴、生态振兴、组织振兴在内的全面振兴，二者均将产业放在首位，说明产业振兴在乡村振兴中起关键性作用。产业振兴是巩固拓展脱贫攻坚成果的根本之策。发展产业是巩固拓展脱贫攻坚成果、持续增加农民收入、解决相对贫困问题的长效措施。从实践来看，部分脱贫地区产业可持续发展和农民可持续增收仍面临短板制约，产业对于农村发展的支撑力还需增强。只有不断加快乡村产业发展，增强脱贫地区产业可持续发展能力，才能持续拓宽农民增收渠道，有效防止返贫和新致贫的发生。产业振兴是打通城乡经济循环堵点的重要方式。解决好发展不平衡不充分问题，重点难点在"三农"，农业农村依然是现代化建设的短板。加快发展乡村产业，可以加速人流、物流、资源流、信

---

① "五位一体"总体布局是指经济建设、政治建设、文化建设、社会建设和生态文明建设五位一体；五位一体总布局是一个有机整体，其中，经济建设是根本，政治建设是保证，文化建设是灵魂，社会建设是条件，生态文明建设是基础。"四个全面"战略布局是指全面建设社会主义现代化国家、全面深化改革、全面依法治国、全面从严治党。

息流从城市向农村聚集，推动城乡要素平等交换、双向流动，打通城乡经济循环堵点，缩小城乡发展差距。同时，大力发展乡村产业，可以扩大农村就业、带动农民增收，这有利于持续释放农村消费潜力，更好拉动城乡经济发展，促进形成新发展格局。产业振兴为乡村振兴提供人力资源保障。在农村发展产业，可以带动农村基础设施、文化教育、医疗卫生、乡村经济等协同发展，使农村具备更多的发展机会和发展空间，从而增强农村对于人才和外出务工劳动力的吸引力，使人力资源主动向农村流动。

2.1.3.2 返乡创业是产业振兴的抓手

返乡创业是返乡人员促进自我发展、实现自我价值的重要途径，是扩大农村就业、带动农民增收的重要渠道，更是实现产业振兴、加快农村经济社会发展的重要抓手。返乡创业带动了乡村产业兴旺。返乡创业实际上是一个"聚集民资，依靠民力，发挥民智，实现民富"的过程，其积极效应是显而易见的（刘唐宇，2009）。返乡创业人员创办企业、发展产业，能够带动发达地区的人力资本、财力资本、市场信息等要素向乡村聚集流动，促进农村闲置资源得到有效利用，带动相关配套产业发展，为乡村产业发展奠定现实基础。同时，返乡创业可以在乡村产生强大的示范带动作用，激发当地村民的创业热情和农村地区的内生性自我发展能力，吸引更多外出务工人员返乡创业，从而促进广袤乡村百业兴旺。返乡创业促进了乡村产业结构调整。返乡创业者由于积累了不同行业领域的知识经验，在创业过程中会依托农业发展不同产业，形成广泛涵盖特色种养业、农产品加工业、休闲农业和乡村旅游、信息服务、电子商务、特色工艺产业等农村一二三产业，这有利于打破农村单一的产业结构，打破农民单一的农业生产收入来源，使各产业呈现相互融合、竞相迸发的态势。此外，相当一部分返乡创业者所从事的经营活动会与当地的农业生产相联系，形成"农产品加工企业＋农户"的发展模式，这有利于提高农产品附加值、延伸产业链，调动农户积极性，实现农户与公司双赢。

2.1.3.3 乡村振兴为返乡创业提供机遇

返乡创业是创业者主观内部需求动力与外部客观创业环境共同作用的结果。从主观上看，生存、财富、成就、公平社会地位等个人动机是激发返乡人员创业的内部需求动力；从客观上看，创业环境是影响返乡人员创业的关键外部因素，良好的外部创业环境可以作用于返乡创业个体，提高其创业成功率（张秀娥等，2012）。乡村振兴战略的实施必然会为返乡人员营造良好的创业环境，提供更多的创业机遇。

乡村振兴为返乡创业提供了政策支持。乡村振兴战略的实施会提高返乡创业者的效用预期动机，即创业者基于对政府的高度信任，认为政府在审批、准入、税收及创业培训等方面的政策支持是创业成功的最大保障，作出创业比打工更有效的预期判断，从而产生创业意愿。在全面推进乡村振兴进程中，从中央到地方各级政府都高度重视返乡创业工作，制定出台了一系列支农惠农的扶持政策，这有利于解决返乡创业者普遍面临的资金融通、要素保障、创业门槛、创业平台等难题，降低创业成本、创业风险，提升返乡人员的创业意愿。乡村振兴为返乡创业提供了环境保障。乡村振兴是包含经济、政治、文化、社会、生态文明在内的全面振兴，标志着乡村的居住环境、生活水平、基础设施、物质文化条件、乡风民风、个人权益和公平社会地位等都将得到全面建设与提高，并且提供全方位、多层次、人性化的服务，这在一定程度上有效缓解了返乡人员的创业压力，降低创业投资成本，增强返乡创业的吸引力，激发创业动力。乡村振兴为返乡创业提供了人才支撑。随着农村环境的日益改善和人才引进政策的大力支持，将会吸引更多优秀专业人才向乡村流动，从而为返乡创业提供人才支撑。

总之，在全面推进乡村振兴进程中，返乡创业与乡村振兴二者互为动力，只有将乡村振兴与返乡创业同步推进，才能共同推动农村经济社会的高质量发展，实现农业农村现代化。

2.2　理论回顾

2.2.1　概念界定

2.2.1.1　创业

"创业"一词在英文文献中通常用"entrepreneurship"来表示，但"entrepreneurship"的字面意思是"企业家精神"或"企业家活动"。早在1755年，法国经济学家理查德·坎蒂伦（Richard Cantillon）就把"entreprencur"（创业者，企业家）一词作为术语引入经济学，他认为创业者要承担以固定价格买入商品并以不确定的价格将其卖出的风险，创业者的报酬就是卖出价与买入价之差（林强等，2001）。随着学者对创业问题的深入研究，创业的内涵不断得到丰富和拓展。熊彼特（1934）提出，创业的本质就是创新，新的企业通过新的技术和产品实现创新性破坏，从而打破原有市场平衡，实现市场资源的重新组合。柯兹纳（1973）基于创业机会视角，提出创业是正确地预测和识别创业机会，追逐套利机会的行为和能力。斯蒂文森（1985）认为，创业不拘泥于当前资源条件的限制，是对机会的识别、开发和利用并创造价值的过程。包括其他代表性学者基于不同视角提出创业的概念，如表2-1所示。

表 2 - 1　　　　　　　　　　　　创业的代表性定义

视角	来源	定义
风险	理查德·坎蒂伦（1755）	承受不确定和风险进行市场交易
	奈特（1921）	承受不确定和风险而获得利润
	韦伯（Weber，1990）	以自己可以承受的经济风险通过交易来创造利润
创新	熊彼特（1934）	创业的本质就是创新
	德鲁克（1985）	创造新事物，创造价值
过程	加特纳（Gartner，1985）	创业是创业者、组织、环境、创业过程四个要素相互影响的动态过程
	威克姆（Wickham，1998）	创业过程就是一个创业者不断学习的过程
	萨尔曼（Sahlman，1999）	创业是人和资源、机会、环境、交易行为四个要素之间的动态互动
	蒂蒙斯（Timmons，1999）	创业是创业机会、创业资源、创业团队三要素之间实现动态平衡的过程
机会	柯兹纳（1973）	正确预测和识别创业机会
	斯蒂文森（1985）	识别、开发和利用创业机会并创造价值
	沙恩和维克塔拉曼（2000）	如何、由谁、采用什么手段来识别、评价和开发创业机会并创造商品和服务的过程

资料来源：笔者整理。

借鉴以上学者的研究成果，本研究认为，创业是个人或团队基于一定的创业环境和创业资源，以适度的风险承担和持续创新的行为风格，积极主动地识别、开发和利用创业机会，执着追求经济社会价值和实现个人价值的行为。

2.2.1.2　创业者

"创业者"一词在英文文献中通常用"entreprencur"来表示，有时泛指所有从事创业活动的人，有时特指具有冒险精神、创新能力，发掘并实现潜在机会价值的个体。理查德·坎蒂伦认为，创业者是愿意承担风险并可能合法地拥有其收益的人（陈震红等，2004）。熊彼特（1934）提出，创业者是通过创新实现市场重新平衡的人。卡森（Casson，1982）指出，创业者是擅于对稀缺资源协调利用，并作出明智决断的人。刘光明和宋洪远（2002）提出，"回乡创业者"主要包括在城镇工商业进行创业和乡村养殖业等行业进行创业的两个群体。朱红根和康兰媛（2013）提出，农民工返乡创业是指农民工返回家乡从事特色种植养殖业、加工业、小型工矿采掘和加工冶炼企业、餐饮服务业、运输业、经商、乡村旅游业及创办合作组织或协会的人。石智雷等（2010）把返乡创业定义为：从农村出县境到城市务工或经商半年以上的农民，返回原籍农村或回到家乡所在县城及乡镇创办工商企业，或从事农业规模经营和开发性生产。黄建新（2020）把农民工返乡创业定义为：曾经离开本县、乡、镇、村，外出就业或创业，持续时间超过 6 个月，然后回到本地，以家庭农场、农民合作社、企业、个体工商户等为主体从事创业经营活动。

借鉴以上学者的研究成果，结合本书的调查对象，把"返乡创业者"界定为：曾经离开本地，外出务工、学习或部队服役的返乡农民工、大学生、退役军人，由于其积攒了创业资金、积累了知识经验、开阔了视野、增长了胆识才干、掌握了技能手艺，返回家乡从事农业和非农生产性活动①。

2.2.2　创业理论

2.2.2.1　资源基础理论

资源基础理论源于 20 世纪 80 年代对企业竞争优势的获得和保持的研究，该理论基于企业资源、企业能力、企业竞争优势三者之间的关系，来解释企业资源对企业绩效的影响，强调企业自身所拥有的独

---

① 这里的"创业"既包括创办企业，也包括个体工商户、家庭农场、农业合作社等。

特性资源在企业生存、发展和价值创造过程中发挥着重大作用。资源基础理论认为，企业在某种程度上是资源和能力的集合体，企业自身所拥有的独特资源是竞争优势的来源，企业的资源整合能力决定了企业从环境中可获取资源的数量和种类（张鑫，2015）。沃纳菲尔特（Wernerfelt，1984）将资源界定为任何能够给企业带来优势或者劣势的半永久性附属和企业的有形或无形资产。巴尼（Barney，1991）将企业资源分为人力资本资源、物力资本资源和组织资本资源。其中，人力资本资源包括管理层和雇员个人的智慧、经验、训练、关系、判断和洞察力；物力资本资源包括企业的设备、厂房、技术、地理位置；组织资本资源包括企业正式与非正式的计划、控制与协调系统、企业内部关系、企业外部关系等。企业能力是企业对资源优化配置，让资源组合发挥效力创造经济价值的要素，包括企业资产、企业技能，二者共同决定企业的竞争优势（刘影，2015）。企业竞争优势是指企业在研发、生产、销售、管理、品牌、服务等方面所具有的各种有利条件，是企业竞争力形成的基础和前提条件，包括特色优势和成本优势两个方面[①]。巴尼（1991）认为，企业的竞争优势来源于企业所拥有的有别于其他企业的战略资源，这些战略资源必须具备价值性、稀缺性、难以模仿性、不可替代性四个特征。企业资源、企业能力、企业竞争优势三者之间的关系，如图 2 - 1 所示。

2.2.2.2　创业特质理论

熊彼特（1934）认为，创业本质上是创新，因而创业者自身具备独特特征。基于这样的观点，许多学者从创业者特质[②]角度对"创

---

① 特色优势是指企业创造的有别于同行业其他厂商的产品和服务，成本优势是指因企业经营成本低于同行而形成的价格优势。

② 创业者特质主要是指性别、年龄等人口特征，认知结构、自我效能、自我监管、风险偏好、乐观和自信、创业动机、身份和角色等创业者认知，社会资本变动、个人网络关系、人力资本禀赋、个人先前经验等资源禀赋。

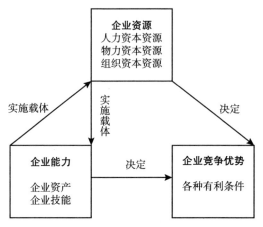

图 2 - 1　资源基础理论模型

资料来源：姚梅芳. 基于经典创业模型的生存型创业理论研究 [D]. 长春：吉林大学管理学院，2007.

业者是谁""创业者与非创业者的区别""成功创业者与不成功创业者心理特征差异""创业者心理特征作用机理" 等问题进行了深入研究。诺尔曼（Norman，1963）在其他学者研究观点的基础上，提出五大类人格因素：外向、亲和、责任、情绪稳定、文化。科斯塔和麦克雷（Costa & McCrae，1985）提出了五因素人格模型，该模型主要是针对个体的性格特质，包括开放型、责任型、外向型、亲和型、情绪型，不同类型的个体受其性格特质影响，最终将反映在行为差异上。亨特和亚当斯（Hunt & Adams，1985）认为，创业者的人格特质会影响其行为，而创业者的行为直接关系到创业成效。西亚瓦雷拉（Ciavarella，2004）研究了五大人格类型与新创企业长期存活之间的关系。研究发现，责任型的创业者与企业长期存活存在正相关关系，开放型创业者与企业长期存活存在负相关关系，外向型、亲和型、情绪型的创业者与企业长期存活不相关。创业者个体特质、创业行为、创业成效三者之间的关系，如图 2 - 2 所示。

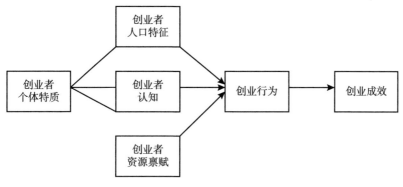

图 2 - 2   创业特质理论模型

资料来源：蔡莉，于海晶，杨亚倩，等 . 创业理论回顾与展望［J］. 外国经济与管理，2019，41（12）：94 - 111.

苏晓华，郑晨，李新春 . 经典创业理论模型比较分析与演进脉络梳理［J］. 外国经济与管理，2012，34（11）：19 - 26.

2.2.2.3   创业过程理论

创业特质理论以创业者个体特征为核心，研究创业者与非创业者的区别、成功创业者与不成功创业者的心理特征差异，探讨和概括创业者特质如何增加创业成功的机会，解释了创业者个体特征在创业中发挥的重要作用，为研究创业者个人决策行为提供了良好的框架概念。但该理论隐含两个基本假定条件：一是市场参与者拥有完全市场信息，而且能够很好地预测其他参与者的行为，当出现短暂的供需不平衡时，所有的市场参与者能够迅速感知并立即调整自己的行为以达到均衡状态；二是创业者具有稳定的心理状态，在不同情境下表现出相似的特点（蔡莉等，2019）。由于信息不对称，市场参与者不可能拥有完全市场信息，也不可能准确预测其他参与者的行为。另外，同一创业者在不同市场情境下会表现出不同的心理状态和行为决策，不同创业者在同一市场情境下也会表现出不同的心理状态和行为决策。因此，无法回答为什么在一些情境下个体会成为创业者，而在其他情境下不能成为创业者的问题，也很难归纳出一个能被普遍接受的创业家特征的描述。创业是一种复杂现象，受到多种因素的影响，仅研究创业者个体特质在创业中的作用是远远不够的。于是，越来越多的学者把研究重心从寻找创业者特质转向关注不同创业要素之间的互动及创业过程等问题，以揭示创业行为或创业活动的本质。有代表性的创业过程理论模型主要有加特纳（1985）模型、威克姆（1998）模型、萨尔曼（1999）模型、蒂蒙斯（2003）模型。这些模型从不同方面研究并概括了创业过程的关键要素，以及这些要素之间的相互影响。

加特纳（1985）认为，创业研究的重点不应该是寻找谁能成为创业者，而是重点研究创业者做了什么及创业过程。因此，在前人研究成果的基础上，加纳特将创业研究的重点从创业者特质转向创业过程，构建了一个包括创业者、组织、环境、创业过程四个要素在内的多维度动态创业理论模型（见图2－3），以期对创业现象做出更为全面的解释。其中，创业者因素包括创业者个人成就需要、敢于冒险、风险偏好、创业背景、工作经验、知识水平等个人特质；组织因素包括内部组织机构、组织战略等；环境因素包括经济发展水平、城市化

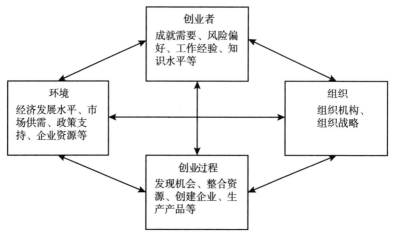

图 2 - 3　加特纳创业过程模型

资料来源：Gartner W B. A conceptual framework for describing the phenomenon of new venture creation [J]. Academy of Management Review，1985，10（4）：696 - 706.

水平、居民生活水平、技术创新能力、市场供需、政策支持、企业资源等；创业过程包括发现商业机会、整合资源、创建企业、生产产品、提供服务等。该模型对创业过程理论有重要贡献，它为分析创业现象提供了一个全新的框架，更重要的是它把创业研究视角从单纯关注创业者特质转向了动态变化的整个创业过程，力求明确不同创业要素在动态变化的创业过程中的相互作用及对创业的影响，为深化创业研究提供了新的视角（苏晓华，2012）。

威克姆（1998）提出了包括创业者、机会、组织和资源四个要素在内的创业过程模型（见图 2 - 4）。该模型揭示了机会、组织和资源三个要素之间的动态关系，以及三个要素与创业者之间的关系。创业者在识别和确认创业机会以后，通过管理和整合资源，组织和带领创业团队来实施创业活动。在这个过程中，创业者居于核心地位，其通过不断学习，主动调节机会、资源、组织三者之间的关系，以实现三个要素动态协调和匹配。资源需要集中于机会利用上，机会具有一定的外生性，会影响资源的种类、数量；组织是资源的集合体，资源会影响组织的规模、结构、效率等，组织会影响资源的整合与开发利用；组织需要通过不断学习来提高资源整合能力和优化配置能力，以适应机会的变化，实现创业成功。

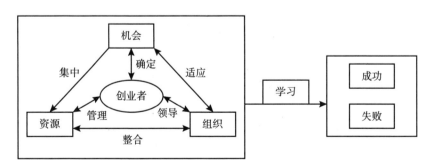

图 2 - 4　威克姆创业过程模型

资料来源：Wickham P A. Strategic Entrepreneurship［M］. New York：Pitman Publishing, 1998.

　　萨尔曼（1999）在加特纳、威克姆研究成果的基础上，以交易行为代替组织要素，构建了一个以环境为中心，同时包括人和资源、机会、交易行为在内的四要素创业过程模型（见图2－5）。该模型把创业过程表现为人和资源、机会、交易行为、外部环境四个要素之间的动态互动和相互适应。其中，人和资源包括创业者本人和利益相关者所掌握的技能、知识、经验等，环境要素包括宏观环境、政策环境，机会要素包括竞争对手、产品盈利性、产品的替代品数量，交易行为包括创业者与利益相关者之间的风险共担、交易谈判、激励分配等。萨尔曼认为，环境之所以居于中心，是因为环境能够影响人和资源、机会、交易行为，但人也可以通过所掌握的资源主动影响环境。萨尔曼创业模型强调了要素之间的适应性，并扩展了要素的外延，为创业实践提供了理论基础，同时为创业过程的研究开拓了新的视野（姚梅芳，2007）。

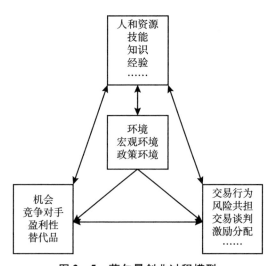

图 2 - 5　萨尔曼创业过程模型

　　资料来源：Sahlman W A，et al. The Entrepreneurial Venture：Readings Selected ［M］．Boston，MA：Harvard Business School Press，1999.

　　蒂蒙斯（1999）提出了由创业机会、创业资源、创业团队三要素组成的动态平衡创业过程模型（见图 2 - 6）。该模型中，商业机会是创业过程的核心驱动力，也是创业的起点，创业团队需要根据市场情境的变化，理性分析和把握商业机会，同时对潜在的市场风险进行充分评估和规避。创业资源是创业成功的必要保证和有力支撑，创业者要根据商业机会的需要和创业团队的特点，制定符合实际的企业发展战略，以实现对创业资源的合理利用和有效控制。创业者或创业团队是创业过程的关键要素和主导者，创业团队发现机会的能力、整合资源的能力、创新的能力、适应环境的能力，以及团队成员的个人特质都对创业过程起着至关重要的作用。蒂蒙斯认为，三个核心要素构成一个倒立的三角形，创业团队位于三角形的底部，由于机会的模糊性、市场环境的不确定性、资源的外生性，三个要素在平衡与不平衡之间进行动态调整。在创业初期表现为机会大而资源欠缺，随着企业资源的积累和市场竞争的加剧，原有的商业机会变得相对有限，创业领导者及创业团队需要不断寻找更大的商业机会，对资源进行合理运用，使企业发展保持合适的平衡（姚梅芳，2007）。

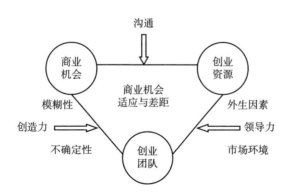

图 2 - 6　蒂蒙斯创业过程模型

　　资料来源：Timmons J A. New Venture Creation（5th Ed）［M］. Singapore：McGraw - Hill，1999.

2.2.2.4 创业机会理论

从创业过程理论模型可以看出，机会是创业过程中一个关键要素，其引导着资源的配置，也表明机会在创业研究中的地位得到了确认与提升。沙恩和维克塔拉曼（2000）突破了创业过程理论中把机会作为单一要素进行配置和组合，而是把机会作为贯穿创业过程每一个环节的关键要素，构建了一个以机会为核心的全新创业理论模型（见图2-7）。该理论模型主要解决三个问题：创业机会的存在、创业机会的识别、创业机会的开发。创业机会又称"商业机会"或"市场机会"，是指能够给他人提供销售（服务）对象，并能够带来盈利可能性的市场需求，通常体现为市场中尚未满足或尚未完全满足的有购买力的消费需要。创业机会可以来源于市场客观存在，也可以来源于个人或组织间的关系结构特征，还可以来源于创业者通过主观能动性创造和建构（颜士梅和王重鸣，2008）。创业机会的存在并不代表能够被创业者所识别和开发，创业机会的自然属性很大程度上决定了创业者对机会未来价值的预期，因而对创业者的机会评价产生重大影响。如创业机会出现的时间、空间、所属行业类别、市场情况、开发价值、开发机会的成本等，这些因素从根本上决定了创业机会是

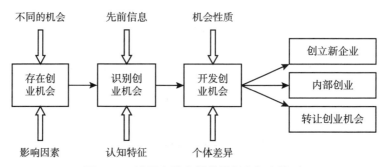

图2-7 沙恩和维克塔拉曼创业机会模型

资料来源：苏晓华，郑晨，李新春. 经典创业理论模型比较分析与演进脉络梳理［J］.外国经济与管理，2012，34（11）：19-26.

否能够被识别和开发（贺景霖，2019）。同时，创业者个体特质也是重要影响因素，具有更强自我肯定和自我控制能力的人更有可能开发机会，对不确定性有很大容忍力的人更有可能进行机会开发，渴望成功的人比其他成员更有可能开发机会（姚梅芳，2007）。

2.2.3 绩效评价理论

绩效评价是指按照事先确定的评价标准、评价内容、评价程序，运用科学的评价方法对评价对象的业绩和效率作出客观的价值判断，以达到绩效管理的目的。其实质就是以量化行为的有效性和效率，并相应地作出决策，从而采取适当行动的过程。绩效评价包括四个基本环节和六个基本要素。四个基本环节是指：一是确立评价目的、评价对象；二是确定评价主体、评价指标、评价标准和评价方法；三是收集相关数据信息；四是形成价值判断。六个基本要素是指评价目标、评价对象、评价主体、评价指标、评价标准、评价方法。

创业绩效是一个多维度构念，深入研究创业绩效理论的边界问题，以及创业绩效的影响因素、测量指标和测评方法，无论是对于创业理论的发展，还是创业实践的深化都具有非常重要的意义（余绍忠，2013）。朱鹏（2020）通过对国内创业绩效文献的研究发现，目前国内创业绩效研究主要集中于创业活动产出，而没有将创业活动过程中创业者的行为选择纳入创业绩效管理研究，缺乏在环境和组织结构等权变因素作用下，考察创业绩效的动态演化，也没有对创业绩效与一般企业绩效之间的共性和差异性进行深入研究。朱鹏提出基于"主体—行为—结果"的创业绩效研究理论框架（见图2-8）。该模型框架中，创业者及其团队成员的个体特质因素和社会资本塑造了创业行为选择，创业行为选择影响创业绩效，在这个过程中政策环境和市场环境会对创业行为和创业绩效产生推动或制约作用，创业者需要对环境的研判来调整行为选择，以使发展战略与政策环境、市场环境相适应，从而取得较好的创业结果。

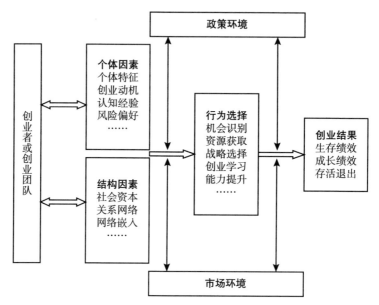

图 2 - 8　基于"主体—行为—结果"的创业绩效研究分析框架

资料来源：朱鹏. 创业绩效：理论溯源与研究进路 [J]. 求索，2020（6）：157 - 166.

政策绩效评价是对特定政策实施过程和效果的评估，是政府绩效评价体系中最重要的内容之一。实施有效的政策绩效评价，可以检验政策执行和落实的效果，及时发现并纠正政策制定、政策执行中的偏差，还能对政策相关参与人员起到监督的作用，最终为政策的调整和完善提供可靠依据，实现政策资源的合理、有效配置（侯俊华，2017）。在政策绩效评价中，评价标准和评价方法是否科学、合理、有代表性，直接决定了评价结果是否客观公正，也决定了评价功能和评价导向是否能够真正发挥作用。德国学者韦唐（Evert Vedung，1997）在《公共政策和项目评估》一书中提出了一个比较系统的政策评估模式框架，他按照不同组织者，将评价模式分为效果模式（effectiveness models）、经济模式（economic models）、职业模式

(professional models)（见表 2-2），并对每种模式中的关注点、模型、方法进行了系统梳理归纳（陈振明，2003）。国内学者赵莉晓（2014）在借鉴韦唐"综合评估模式"基础上，从政策制定、政策执行、政策效果三个维度，将评价活动划分为事前评估、事中评估、事后评估三个环节，按照科学性、公正性、可操作性 3 个共性标准，适当性、可行性、投入工作量、执行力、回应度、充足性、影响力、效果、效率 9 个个性标准对创新政策进行全面评估（见图 2-9）。胡俊波（2014）根据美国顾客满意度指数（ACSI）评价模型，从创业政策知晓度、政策利用度、政策利用难易度、政策满意度、政策重要度五个维度构建了一个反映创业政策宣传、推广、落实、反馈四个环节在内的返乡创业扶持政策评估体系基本架构。

表 2-2　　　　　　　　　　韦唐公共政策评估模式

类型	关注点	模型、方法
效果模式	目标	目标达成模型
		附带效果模型
	结果	自由目标模型
	系统单元	综合评估模型
	用户	顾客导向模型
	利益相关者	利益相关者模型
经济模式	生产率	生产率法
	效率	成本效果模型
		成本收益法
职业模式	价值准则和执行的质量标准	同行评议模型

资料来源：陈振明. 政策科学：公共政策分析导论［M］. 北京：中国人民大学出版社，2003.

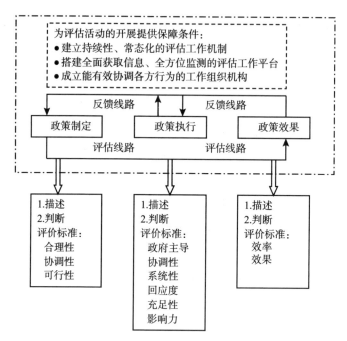

图2-9　公共政策全过程评估的逻辑框架

资料来源：赵莉晓．创新政策评估理论方法研究——基于公共政策评估逻辑框架的视角［J］．科学学研究，2014（2）：195-202．

2.3　本章小结

　　本章以党的十九大报告中提出的乡村振兴战略作为研究起点，阐述了乡村振兴战略提出的历史背景、乡村振兴战略的科学内涵、乡村振兴与返乡创业的互动关系；梳理总结了创业、创业者两个关键概念，分析了创业相关理论和绩效评价理论，共分为三个部分。一是系统梳理了改革开放以来，党中央关于农村发展战略的五个阶段；按照产业兴旺、生态宜居、乡风文明、治理有效、生活富裕的总要求，深入分析了乡村振兴战略的科学内涵，以及乡村振兴与返乡创业的互动关系。二是经典创业理论回顾，首先，梳理总结了国内外相关学者对创业和创业者两个关键概念的界定，并在借鉴已有研究成果的基础上，提出本书对"返乡创业者"概念的界定；其次，深入分析了资源基础理论、创业特质理论、创业过程理论、创业机会理论。三是绩效评价理论分析，借鉴相关学者的研究成果，分析了创业绩效评价、公共政策绩效评价的标准、方法、内容、程序等相关内容。

第 3 章　创业扶持政策梳理

3.1　国家相关创业政策梳理

大量理论研究和实践证明，创业活动在创造就业岗位、活跃市场经济、促进结构调整、推动经济增长方面发挥着重要作用。创业活动是多种因素共同作用的结果，其中良好的创业环境、有力的政策支持是促进创业顺利进行的基础与关键（侯永雄和程圳生，2015）。许多国家或地区都把促进创业活动纳入政府经济政策的工作范围，把创业政策作为提升经济活力的重要措施。改革开放以来，我国创业政策演进与经济体制改革、经济结构转型升级基本保持同步。陈秀丽和李博浩（2014）根据改革开放后我国创业政策历史变迁的过程，把创业政策划分为四个阶段：第一阶段（1978 年 12 月～1987 年 9 月），鼓励个体经济发展的创业政策；第二阶段（1987 年 10 月～1992 年 9 月），鼓励私营经济发展的创业政策；第三阶段（1992 年 10 月～2007 年 9 月），鼓励非公有制经济发展的创业政策；第四阶段（2007 年 10 月至今），鼓励以创业带动就业的政策。侯永雄和程圳生（2015）依据各个时期我国创业政策实施的政治、经济环境及其实施后产生的效果，把我国创业政策划分为四个阶段：第一阶段（1978 年 12 月～1992 年 9 月），私营经济纳入合法经济范畴；第二阶段（1992 年 10 月～1997 年 8 月），私营经济是公有制经济的有益补充；第三阶段（1997 年 9 月～2007 年），"两个毫不动摇"进一步巩固非公有制经济的地位；第四阶段（2008 年至今），强调以创业带动就业。傅晋华（2015）根据创业政策与创业活动发展变化间的密切关系，把我国农民工创业政策划分为四个阶段：第一阶段（20 世纪 90 年代中期～2000 年），返乡创业还只是个别现象，创业政策还未形成；第二阶段（2001～2007 年），农民工返乡创业趋势增强，国家层面政策开始关注，地方层面政策缺乏动力；第三阶段（2008～2012 年），金融危机带来的就业压力促使国家和地方政府把促进农民工返乡创业作为重要目标；第四阶段（2013 年至今），把制定完善农民工返乡创业政策作为推动新型城镇化发展的重要着力点。本书在借鉴以上学者研究成果的基础上，结合我国经济体制改革和经济结构转型升级，将创业政策划分为允许个体经济、支持私营经济、鼓励非公有制经济、以创业带动就业、"大众创业、万众创新"五个阶段，并梳理、总结每个阶段的政策要点、政策特点。

3.1.1　允许个体经济（1978～1986 年）

1978 年 12 月，党的十一届三中全会明确提出，"社员自留地、家庭副业和集市贸易是社会主义经济的必要补充部分，任何人不得乱加干涉。"1979 年 9 月，党的十一届四中全会指出，"社员自留地、自留畜、家庭副业和农村集市贸易，是社会主义经济的附属和补充，不能当作所谓资本主义尾巴去批判。相反地，在保证巩固和发展集体经济的同时，应当鼓励和扶持农民经营家庭副业，增加个人收入，活跃农村经济。"1982 年，中共中央批转的《全国农村工作会议纪要》指出，"对于家庭副业和专业户，必须实行积极扶持的政策，在资金、技术、供销等各方面给予帮助和指导；与此同时，要注意适应生产发展的需要，组织必要的协作和联合。"以包产到户、包干到户为核心的家庭联产承包责任制将集体土地由集体统一经营调整为农户家庭承包经营，实现了农村土地的所有权与经营权分离，农户取得非农生产经营权，这对于推进农业经营体制改革，活跃农村经济具有重大变革意义。乡镇企业获得迅速发展，成为了国民经济的重要组成部分、农村经济的重要支柱、农民就地就近就业的主渠道。越来越多的农民离开土地到乡镇或城市从事个体经营。1982 年 9 月，党的十二大报告指出，"在农村和城市，都要鼓励劳动者个体经济在国家规定的范围内和工商行政管理下适当发展，作为公有制经济的必要的、有益的补充。" 1982 年 12 月 4 日，第五届全国人民代表大会第五次会议通过的《中华人民共和国宪法》第十一条规定，"在法律规定范围内的城乡劳动者个体经济，是社会主义公有制经济的补充。" 这是首次从宪法的高度确定了个体经济的法律地位和经济地位，对于国家保护个体经济的合法权益，促进个体经济快速发展有着重大意义。1984 年 10 月，党的十二届三中全会强调，"我国现在的个体经济是和社会主义公有制相联系的，不同于和资本主义私有制相联系的个体经济，它对于发展社会生产、方便人民生活、扩大劳动就业具有不可代替的作用，是社会主义经济必要的有益的补充，是从属于社会主义经济的。当前要注意为城市和乡镇集体经济和个体经济的发展扫除障碍，创造条件，并给予法律保护。特别是在以劳务为主和适宜分散经营的经济活动中，个体经济应该大力发展。" 随着个体经济身份的确认及在制度和法律层面的明确，个体经济在全国迅速发展，国内出现了第一次主要以农民为主的"创业浪潮"。1978~1985 年，农村个体工商户达 891.6 万户，占农村总户数的 76.1%，个体人数达 1382.3 万人，占农村总人数的 78.3%（王林昌，1998）。1987 年 8 月，《城乡个体工商户管理暂行条例》发布，个体工商户迎来了迅速发展时期；到 1987 年，全国个体工商户登记数量达到 1373 万户、从业人员 2158 万人、注册资本金 236 亿元①。这一时期的创业政策同农村经营体制改革相呼应，主要为个体经济发展松绑，创业市场主体形式多为个体工商户，政策主要以方向性改革为主（见表 3 – 1）。

表 3 – 1　　　　　　　　　1978～1985 年主要创业政策文件梳理

发布日期	发布部门	政策文件名称	政策要点
1978 年 12 月 22 日	中共中央	《中国共产党第十一届中央委员会第三次全体会议公报》	社员自留地、家庭副业和集市贸易是社会主义经济的必要补充部分
1979 年 9 月 28 日	中共中央	《中共中央关于加快农业发展若干问题的决定》	鼓励和扶持农民经营家庭副业
1982 年 1 月 1 日	中共中央	《全国农村工作会议纪要》	在资金、技术、供销等各方面给予帮助和指导
1982 年 9 月 1 日	中共中央	《全面开创社会主义现代化建设的新局面》	在农村和城市，鼓励劳动者个体经济适当发展
1982 年 12 月 4 日	全国人民代表大会	《中华人民共和国宪法》	国家保护个体经济的合法的权利和利益
1984 年 10 月 20 日	中共中央	《中共中央关于经济体制改革的决定》	扫除障碍、创造条件、法律保护

资料来源：笔者整理。

3.1.2　支持私营经济（1987～1994 年）

1987 年 10 月，党的十三大报告指出，"对于城乡合作经济、个体经济和私营经济，都要继续鼓励它们发展。必须尽快制订有关私营经济的政策和法律，保护它们的合法利益，加强对它们的引导、监督

---

① 国家工商总局. 我国个体工商户稳定增长［EB/OL］.（2012 – 08 – 28）［2021 – 10 – 15］. http：//finance. people. com. cn/n/2012/0828/c70846 – 18848047. html.

和管理。"这是首次承认私营经济的地位，是党中央对私营经济认识上的深化。1988年4月12日，第七届全国人民代表大会第一次会议通过的《中华人民共和国宪法修正案》第十一条规定，"国家允许私营经济在法律规定的范围内存在和发展。私营经济是社会主义公有制经济的补充。国家保护私营经济的合法权利和利益，对私营经济实行引导、监督和管理。"1991年11月，党的十三届八中全会明确指出，"引导个体经济、私营企业健康发展，要加强管理，照章纳税，依法经营，保护其合法权益。"1992年10月，党的十四大报告提出，"在所有制结构上，以公有制包括全民所有制和集体所有制经济为主体，个体经济、私营经济、外资经济为补充，多种经济成分长期共同发展，不同经济成分还可以自愿实行多种形式的联合经营。"1993年4月，国家工商行政管理局出台的《关于促进个体经济私营经济发展的若干意见》进一步放宽了私营经济发展空间，提出支持个体工商户、私营企业跨地区、跨行业、跨所有制开展横向经济联合、互相参股经营。个体工商户、私营企业可以租赁、承包、购买国有、集体企业。1993年11月，党的十四届三中全会指出，"在积极促进国有经济和集体经济发展的同时，鼓励个体、私营、外资经济发展，并依法加强管理。国家要为各种所有制经济平等参与市场竞争创造条件，对各类企业一视同仁。"随着邓小平同志视察南方发表重要谈话，冲破了长期以来姓"资"还是姓"社"问题对人们思想的束缚，极大地激发了人们的创业热情，农民、知识分子、企事业管理人员、政府工作人员也纷纷投入到"下海经商"的浪潮，国内出现了第二次"创业浪潮"。1992年，我国私营企业的新登记注册数量大幅增长了29.6%，在私营企业就业人数突破了200万人；1994年，私营企业新登记注册户数猛增了81.5%，相应地在私营企业就业的人数增长了74.0%（李长安，2018）。这一时期的创业政策同我国社会主义市场经济体制改革相呼应，经营形式多为私营，创业政策在坚持社会主义市场经济体制改革总方向的前提下，放宽经营范围、细化政策内

容，对个体工商户、私营企业从事部分居民服务性行业的简化登记手
续，及时予以登记注册（见表 3 - 2）。

表 3 - 2　　　　　　　　1986～1994 年主要创业政策文件梳理

发布日期	发布部门	政策文件名称	政策要点
1987 年 10 月 25 日	中共中央	《沿着有中国特色的社会主义道路前进》	私营经济是公有制经济必要的和有益的补充，要引导、监督和管理
1988 年 4 月 12 日	全国人民代表大会	《中华人民共和国宪法修正案（1988 年）》	私营经济是社会主义公有制经济的补充，对私营经济实行引导、监督和管理
1991 年 11 月 29 日	中共中央	《中共中央关于进一步加强农业和农村工作的决定》	引导、管理，保护其合法权益
1992 年 10 月 12 日	中共中央	《加快改革开放和现代化建设步伐，夺取有中国特色社会主义事业的更大胜利》	私营经济是公有制经济的有益补充
1993 年 4 月 28 日	国家工商行政管理局	《国家工商行政管理局关于促进个体经济私营经济发展的若干意见》	放宽准入、跨行经营、一照多摊、简化登记手续等
1993 年 11 月 14 日	中共中央	《中共中央关于建立社会主义市场经济体制若干问题的决定》	鼓励发展、一视同仁

资料来源：笔者整理。

3.1.3　鼓励非公有制经济（1995～2001 年）

1995 年 9 月，党的十四届五中全会指出，"鼓励和引导非公有
制经济的发展。国家对不同所有制的企业一视同仁，依法征税，形
成平等竞争环境。继续发展个体和私营经济。"1997 年 9 月，党的
十五大报告提出，"公有制为主体、多种所有制经济共同发展，是
我国社会主义初级阶段的一项基本经济制度。非公有制经济是我国

社会主义市场经济的重要组成部分。对个体、私营等非公有制经济要继续鼓励、引导，使之健康发展。"这是首次将个体经济、私营经济等非公有制经济，由公有制经济的有益补充上升为社会主义市场经济的重要组成部分，标志着非公有制经济正式被纳入我国社会主义初级阶段基本经济制度范畴。1998 年 6 月，《中共中央、国务院关于切实做好国有企业下岗职工基本生活保障和再就业工作的通知》指出，"对下岗职工申请从事个体工商经营、家庭手工业或开办私营企业的，工商、城建等部门要及时办理有关手续，开业一年内减免工商管理等行政性收费。对符合产业政策、产品适销对路的，金融机构应给予贷款。"1999 年 3 月 15 日，第九届全国人民代表大会第二次会议通过的《中华人民共和国宪法修正案》第十一条规定，"在法律规定范围内的个体经济、私营经济等非公有制经济，是社会主义市场经济的重要组成部分。"这是在宪法层面将个体经济、私营经济等非公有制经济由社会主义公有制经济的补充修改为社会主义市场经济的重要组成部分，也是对非公有制经济 20 年来对我国经济社会发展作出贡献的充分肯定。1999 年 9 月，党的十五届四中全会指出，"对自谋职业的，要在工商登记、场地安排、税费减免、资金信贷等方面，给予更多的扶持。"随着我国经济体制改革的不断深入，以及在宪法层面肯定非公有制经济的重大贡献，各地方政府也陆续出台了大力支持非公有制经济发展的政策措施，国内出现了第三次"创业浪潮"。1992～2002 年，以私营企业为主的非公有制企业从 14 万户增加到 243.5 万户，年均增长33%，非公有制人员增加 3409 万人，非公有制资金增加 24756 亿元（林龙飞和陈传波，2019）。这一时期的创业政策同我国国企改革相呼应，主要是为国企改革下岗职工再就业开辟更多渠道，创业支持政策已经由之前的简化工商手续扩展到金融财政支持、土地要素保障等方面（见表 3 - 3）。

表 3 - 3   1995～2001 年主要创业政策文件梳理

发布日期	发布部门	政策文件名称	政策要点
1995 年 9 月 28 日	中共中央	《中共中央关于制定国民经济和社会发展"九五"计划和 2010 年远景目标的建议》	鼓励引导、一视同仁、继续发展
1997 年 9 月 12 日	中共中央	《高举邓小平理论伟大旗帜，把建设有中国特色社会主义事业全面推向二十一世纪》	继续鼓励、引导
1998 年 6 月 9 日	中共中央国务院	《中共中央国务院关于切实做好国有企业下岗职工基本生活保障和再就业工作的通知》	简化手续、减免费用、金融支持、培训补贴、宣传先进典型
1999 年 3 月 15 日	全国人民代表大会	《中华人民共和国宪法修正案（1999 年）》	非公有制经济是社会主义市场经济的重要组成部分
1999 年 9 月 22 日	中共中央	《中共中央关于国有企业改革和发展若干重大问题的决定》	工商登记、场地安排、税费减免、资金信贷等

资料来源：笔者整理。

3.1.4 以创业带动就业（2002～2011 年）

2001 年，我国加入世界贸易组织，市场开放在短期内对我国传统行业、中小企业和原有就业格局带来一定的冲击，导致就业机会减少。"入世"初期（3～4 年）外资的进入和货物、服务进口的转移效应[①]会大于出口的创造效应[②]，导致就业机会减少，中西部地区传统工业及农业受到冲击，就业机会也减少（王延中，2002）。短期内劳动力供给大于需求，就业压力加大，党和政府对此高度重视，采取了一系列政策措施，拓宽就业渠道。2002 年 11 月，党的十六大报告提出，"放宽国内民间资本的市场准入领域，在投融资、税收、土地

----

① 贸易转移效应是指组建区域经济一体化所带来的贸易对象由非成员国向成员国的转移，以及由此造成的经济福利的损失。

② 贸易创造效应是指组建区域经济一体化所带来的成员国之间贸易的扩大，以及由此造成的经济福利的增加，包括生产效应和消费效应。

使用和对外贸易等方面采取措施，实现公平竞争。各级党委和政府必须把改善创业环境和增加就业岗位作为重要职责。"2007年10月，党的十七大报告提出，"实施扩大就业的发展战略，促进以创业带动就业。完善支持自主创业、自谋职业政策，加强就业观念教育，使更多劳动者成为创业者。"2008年始于美国次级抵押房贷危机所引起的全球金融危机，给各国经济增长和就业带来严重冲击，我国经济增速由2007年的14.7%下降到2008年、2009年的10.1%、8.5%，全国城镇登记失业人数由2007年的830万人增加到2009年的921万人。2008年大约2000万农民工由于经济不景气失去工作或者没有找到工作而提前返乡，占当年外出就业农民工总数的15.3%（傅晋华，2015）。农民工返乡创业已经由20世纪90年代的个别现象发展成为一种趋势。根据2008年国务院发展研究中心《农民工回乡创业问题研究》课题组对全国100多个劳务输出示范县农民工回乡创业问题的问卷调查显示，回乡创业者占回流农民工的13.8%，3026名回乡创业农民工样本中，1990年以前回乡创业的占4%，1990～1999年回乡创业的占30.6%，2000年之后回乡创业的占65.4%[①]。在金融危机带来的就业压力和农民工返乡创业成为一种趋势的双重影响下，党和政府把促进创业，以创业带动就业作为拓宽就业渠道的重要政策目标。2008年10月，国务院办公厅转发发展改革委等部门《关于创业投资引导基金规范设立与运作指导意见的通知》提出，"地市级以上人民政府有关部门可以根据创业投资发展的需要和财力状况设立引导基金。"创业投资引导基金通过参股、融资担保、跟进投资或其他方式投资，支持创业投资企业发展并引导其投资方向。2008年10月，国务院办公厅转发人力资源社会保障部等部门《关于促进以创业带动就业工作指导意见的通知》提出，"从创业意识、创业能力和

---

① 国务院发展研究中心《农民工回乡创业问题研究》课题组. 农民工回乡创业现状与趋势：对安徽、江西、河南三省的调查［J］. 改革，2008（11）：15-30.

创业环境着手，逐步形成以创业带动就业的工作新格局。"2008 年 12 月，《国务院办公厅关于切实做好当前农民工工作的通知》要求，把大力支持农民工返乡创业作为做好农民工工作的重要措施之一，提出抓紧制定扶持农民工返乡创业的具体政策措施，引导掌握了一定技能、积累了一定资金的农民工创业，以创业带动就业。2009 年 1 月，《国务院办公厅关于加强普通高等学校毕业生就业工作的通知》提出，"鼓励和支持高校毕业生自主创业，对高校毕业生从事个体经营符合条件的，免收行政事业性收费。"在一系列创业政策的支持下，国内出现了第四次"创业浪潮"。这一时期的创业政策同解决我国严峻的就业压力问题相呼应，政策目标是促进创业，以创业带动就业，拓宽就业渠道。现代规范意义上的创业政策正式出现，创业政策已经由过去的方向性、宏观性改革举措向具体扶持政策转变，政策内容更加丰富、政策体系日趋成熟（见表 3－4）。创业政策出台主体除了党中央、国务院、各地方政府之外，国务院各部委也在各自业务管辖范围内出台了更加丰富、具体的举措。这表明，从中央到地方以创业带动就业已达成基本政策共识，创业政策的关注点更多地从中小企业转向农民工和大学生群体（林龙飞和陈传波，2019）。

表 3－4　　　　　　　　2002～2011 年主要创业政策文件梳理

发布日期	发布部门	政策文件名称	政策要点
2002 年 11 月 8 日	中共中央	《全面建设小康社会，开创中国特色社会主义事业新局面》	放宽准入、金融财税支持、土地要素保障、创业环境
2004 年 3 月 14 日	全国人民代表大会	《中华人民共和国宪法修正案（2004 年）》	保护、鼓励、支持和引导非公有制经济的发展
2007 年 10 月 15 日	中共中央	《高举中国特色社会主义伟大旗帜　为夺取全面建设小康社会新胜利而奋斗》	就业观念教育
2008 年 10 月 12 日	中共中央	《中共中央关于推进农村改革发展若干重大问题的决定》	扶持农民工返乡创业

续表

发布日期	发布部门	政策文件名称	政策要点
2008 年 10 月 22 日	国务院办公厅	《国务院办公厅转发发展改革委等部门关于创业投资引导基金规范设立与运作指导意见的通知》	创业投资引导基金
2008 年 10 月 30 日	国务院办公厅	《国务院办公厅转发人力资源社会保障部等部门关于促进以创业带动就业工作指导意见的通知》	放宽市场准入、改善行政管理、加大财税支持、拓宽融资渠道、强化创业培训、建立孵化基地、健全服务体系、营造创业氛围
2008 年 12 月 22 日	国务院办公厅	《国务院办公厅关于切实做好当前农民工工作的通知》	降低创业门槛、开辟"绿色通道"、做好金融服务、给予财政贴息
2009 年 1 月 23 日	国务院办公厅	《国务院办公厅关于加强普通高等学校毕业生就业工作的通知》	小额担保贷款、创业培训补贴、创业指导服务、创业孵化基地

资料来源：笔者整理。

3.1.5 "大众创业、万众创新"（2012 年至今）

进入新时代，我国经济已经由高速增长阶段转向高质量发展阶段，经济发展的思路也在调整，宏观经济目标呈现多元化趋势，推动质量变革、效率变革、动力变革，实现更高质量、更有效率、更加公平、更可持续、更为安全的发展已经成为我国经济发展的目标。创新创业已成为引领中国经济高质量发展的新引擎。一大批外出农民工、大学毕业生、退役军人纷纷返乡创业，这已经成为一种常态化趋势，成为促进农业现代化、县域经济高质量发展的重要着力点。2012 年11 月，党的十八大报告提出，"引导劳动者转变就业观念，鼓励多渠道多形式就业，促进创业带动就业，做好以高校毕业生为重点的青年就业工作和农村转移劳动力、城镇困难人员、退役军人就业工作。"2013 年 11 月，党的十八届三中全会提出，"完善扶持创业的优惠政策，形成政府激励创业、社会支持创业、劳动者勇于创业新机制。实行激励高校毕业生自主创业政策，整合发展国家和省级高校毕业生就业创业基金。"2015 年 10 月，党的十八届五中全会提出，"完善创业扶持政策，鼓励以创业带就业，建立面向人人的创业服务平台。落实高校毕业生就业促进和创业引领计划，带动青年就业创业。"2017 年 10 月，习近平总书记在党的十九大报告中提出，"实施乡村振兴战略。促进农村一二三产业融合发展，支持和鼓励农民就业创业，拓宽增收渠道。"2020 年 10 月，党的十九届五中全会提出，"完善促进创业带动就业、多渠道灵活就业的保障制度，支持和规范发展新就业形态，健全就业需求调查和失业监测预警机制。"这一时期，习近平总书记着眼于全面建设社会主义现代化国家宏伟目标，深入分析全球经济形势和中国经济发展的阶段性特征，统筹推进"五位一体"总体布局、协调推进"四个全面"战略布局，立足新发展阶段，坚持以新发展理念为引领，供给侧结构性改革为主线，高质量发展为主题，全面深化改革和扩大对外开放，我国经济实力、科技实力、综合国力跃上新台阶，经济结构持续优化、市场活力全面增强。截至 2021 年底，全国登记在册的市场主体达到 1.54 亿户，同比增长 11.1%，其中企业 4842.3 万户，个体工商户 1.03 亿户。党的十八大以来，市场主体总量比 2012 年底的 5494.9 万户增长了 180.3%，年均增长达到 12.1%；其中，民营企业数量从 1085.7 万户增长到 4457.5 万户，占企业总量的比例由 79.4% 提高到 92.1%，个体工商户数量从 4059.27 万户增长到 10300 万户，年均增长 10.9%，全国日均新设企业由 0.69 万户持续增长到 2021 年的 2.48 万户（林丽鹏，2022）。2020 年全国各类返乡入乡创业创新人员达到 1010 万人，同比增长 19%，形成了农民工、大学生、退役军人、妇女 4 支创业队伍，平均每个返乡创业创新项目可吸纳 6.3 人稳定就业、17.3 人灵活就业。2021 年，返乡入乡创业人员达 1120 万人，比 2020 年增长 110 万人，创业项目 80% 以上是一二三产业融合项目。在"大众创业、万众创新"的激励下，国内出现了第五次"创业浪潮"，创新创业型经济已经形成。这一时期的创业政策同我国"大众创业""草根创业""万众创新"相呼应，同我国经济结构调整、经济转型发展相呼应。创业政策与创新政策相结合，不仅大力支持自主创业，还更加注重培养知识型、技能型、创新型创业人才。创业政策更加系统，形成了从中央到国务院、国务院各部委再到省市地方的助创政策体系，纵向助创政策体系已初步形成（林龙飞和陈传波，2019）。创业政策覆盖群体更加广泛，不仅包括农民工、大学生，还包括退役军人、妇女、归国留学人员等。政策措施更加链条化，涵盖创业前期准备阶段、创业过程中、创业后发展阶段的全生命周期（见表 3 – 5）。

表 3 – 5   2012 年以来主要创业政策文件梳理

发布日期	发布部门	政策文件名称	政策要点
2012 年 11 月 8 日	中共中央	《坚定不移沿着中国特色社会主义道路前进　为全面建成小康社会而奋斗》	促进创业带动就业
2013 年 11 月 12 日	中共中央	《中共中央关于全面深化改革若干重大问题的决定》	健全促进就业创业体制机制
2014 年 5 月 22 日	人社部等九部门	《人力资源社会保障部等九部门关于实施大学生创业引领计划的通知》	普及创业教育、加强创业培训、健全创业服务、创新金融服务、打造创业平台
2015 年 5 月 1 日	国务院	《国务院关于进一步做好新形势下就业创业工作的意见》	营造便捷的准入环境、打造创业平台、加大金融财税支持、营造良好创业氛围
2015 年 6 月 16 日	国务院	《国务院关于大力推进大众创业万众创新若干政策措施的意见》	优化创业环境、健全创业服务、加强产权保护、加大财税支持、创新金融服务、创业投资引导基金、打造创业平台
2015 年 6 月 21 日	国务院办公厅	《国务院办公厅关于支持农民工等人员返乡创业的意见》	降低返乡创业门槛、加大财税支持、创新金融服务

发布日期	发布部门	政策文件名称	政策要点
2015 年 10 月 29 日	中共中央	《中共中央关于制定国民经济和社会发展第十三个五年规划的建议》	建立面向人人的创业服务平台
2016 年 9 月 20 日	国务院	《国务院关于促进创业投资持续健康发展的若干意见》	发展各类创业投资，建立创业投资与创业项目之间有效对接机制
2016 年 11 月 29 日	国务院办公厅	《国务院办公厅关于支持返乡下乡人员创业创新促进农村一二三产业融合发展的意见》	简化市场准入、改善金融服务、加大财政支持、落实要素保障、开展创业培训、强化信息支撑、健全创业服务、创建创业园区
2017 年 4 月 19 日	国务院	《国务院关于做好当前和今后一段时期就业创业工作的意见》	优化创业环境、发展创业载体、加大财政支持、拓宽融资渠道、强化教育培训、健全创业服务
2017 年 10 月 18 日	中共中央	《决胜全面建成小康社会夺取新时代中国特色社会主义伟大胜利》	激发和保护企业家精神
2018 年 4 月 2 日	财政部等三部门	《关于进一步做好创业担保贷款财政贴息工作的通知》	扩大贷款对象、降低贷款条件、放宽担保要求
2018 年 4 月 26 日	农业农村部	《农业农村部关于大力实施乡村就业创业促进行动的通知》	创业"领头雁"计划、打造创业园区、强化公共服务、强化典型带动
2018 年 10 月 15 日	退役军人事务部等十二部门	《关于促进新时代退役军人就业创业工作的意见》	开展创业培训、提供创业场所、加大财税支持、拓宽资金渠道、健全创业服务、宣传创业典型
2019 年 12 月 10 日	人社部等三部门	《人力资源社会保障部 财政部 农业农村部关于进一步推动返乡入乡创业工作的意见》	加大财税支持、提升创业培训、强化载体服务、加强人才支撑、宣传创业典型
2020 年 2 月 10 日	国家发展改革委等十九部门	《关于推动返乡入乡创业高质量发展的意见》	优化创业环境、健全创业服务、加大财税支持、创新金融服务、强化用地保障、优化人力资源、搭建创业平台、做好宣传引导
2020 年 6 月 17 日	农业农村部等九部门	《关于深入实施农村创新创业带头人培育行动的意见》	强化政策扶持、加强创业培训、优化创业服务

续表

发布日期	发布部门	政策文件名称	政策要点
2020 年 7 月 29 日	财政部等三部门	《关于进一步加大创业担保贷款贴息力度全力支持重点群体创业就业的通知》	扩大覆盖范围、适当提高额度、允许合理展期、降低利率水平、合理分担利息、简化审批程序、免除反担保要求
2020 年 7 月 30 日	国务院办公厅	《国务院办公厅关于提升大众创业万众创新示范基地带动作用进一步促改革稳就业强动能的实施意见》	加强政策保障、提升创新创业能力、提升协同联动、创新金融支持、深化开放合作
2021 年 5 月 25 日	中国人民银行等六部门	《关于金融支持新型农业经营主体发展的意见》	加强信息共享、增强主体金融承载力、创新金融产品、扩大抵押范围、完善担保机制、提升保险服务
2021 年 8 月 27 日	国务院	《国务院关于印发"十四五"就业促进规划的通知》	优化创业环境、激发创业热情、升级创业服务
2021 年 9 月 18 日	国家发展改革委办公厅	《国家发展改革委办公厅关于推广支持农民工等人员返乡创业试点经验的通知》	试点典型经验推广

资料来源：笔者整理。

从以上我国创业政策五个阶段的演变趋势来看，创业支持政策从最初的允许个体经济、私营经济在法律规定范围内经营，到鼓励、支持、引导非公有制经济发展，创业政策主要以制度体制改革为主，表现为方向性、指导性、宏观性。自 2007 年中央一号文件首次提出，鼓励农民工回乡创业，支持工商企业、大学生、乡土人才创办现代农业企业。此后，现代意义上的创业政策陆续出台，尤其在 2015 年之后，党中央、国务院、国务院各部委及各级地方政府有关创业支持政策密集出台，政策普惠性进一步提高，政策多样性进一步扩大，措施涵盖创业环境、创业服务、金融财政支持、搭建创业平台、强化要素保障、加强创业培训等多个具体方面。

3.2　陕西省相关创业政策梳理

随着国家对"双创"工作的高度重视，陕西省省委省政府坚决贯彻落实党中央、国务院决策部署，把创业创新作为陕西省重大战略任务进行部署实施。近年来相继制定出台了一系列支持返乡创业的政策文件（见表 3 - 6、表 3 - 7），从创业环境、创业服务、市场准入、财税支持、金融服务、要素保障、创业培训等方面给予创业者政策扶持，相继建立起返乡创业者的"组织领导体系、政策扶持体系、创业培训体系、创业服务体系、工作考核体系"（李晨曦和颜毓洁，2011），吸引了大批外出人员返乡创业。

表 3 - 6　　　　　　　　　　陕西省主要创业政策文件梳理

发布日期	发布部门	政策文件名称	政策要点
2007 年 11 月 9 日	陕西省人民政府	《陕西省人民政府关于进一步做好全民创业促就业工作的指导意见》	创新金融服务、搭建创业平台、激发创业热情、加强创业培训
2007 年 12 月 10 日	陕西省人民政府办公厅	《陕西省人民政府办公厅关于认真做好农民工回乡创业工作的通知》	放宽市场准入、拓宽融资渠道、加大财政支持、建立创业基地、加强创业培训、营造创业氛围
2009 年 1 月 16 日	陕西省人民政府办公厅	《陕西省人民政府办公厅转发省劳动保障厅等部门关于促进以创业带动就业工作实施意见的通知》	优化创业环境、强化政策扶持、提高创业能力、健全服务体系
2015 年 7 月 13 日	陕西省人民政府	《陕西省人民政府关于进一步做好新形势下就业创业工作的实施意见》	降低创业门槛、打造创业平台、创新金融服务、加大财政支持、加强创业培训、营造创业氛围、覆盖重点群体
2015 年 9 月 25 日	陕西省人民政府办公厅	《陕西省人民政府办公厅关于支持农民工等人员返乡创业的实施意见》	降低创业门槛、加强财政支持、强化金融服务、建设创业园区、提供创业用地、加强创业服务

发布日期	发布部门	政策文件名称	政策要点
2016 年 3 月 29 日	陕西省人民政府	《陕西省人民政府关于大力推进大众创业万众创新工作的实施意见》	加快商事制度改革、提高科技支撑、拓宽融资渠道、营造发展环境等
2017 年 6 月 20 日	陕西省人民政府办公厅	《陕西省人民政府办公厅关于支持返乡下乡人员创业创新促进农村一二三产业融合发展的实施意见》	简化市场准入、改善金融保险服务、加大财税支持、落实要素保障、开展创业培训、强化信息支撑、创建创业园区等
2020 年 4 月 17 日	陕西省发展和改革委员会	《陕西省推动返乡入乡创业高质量发展 2020 年重点工作安排》	深化"放管服"改革、加大财税支持、创新金融服务、健全要素保障、优化人力资源、完善配套设施
2020 年 5 月 13 日	陕西省人社厅等三部门	《关于进一步推动返乡入乡创业工作的若干意见》	加强创业载体建设、加大融资支持、增强创业培训效果、提高服务质量、提供有效人才支撑等
2021 年 11 月 11 日	陕西省人民政府办公厅	《陕西省"十四五"就业促进规划》	优化创业环境、大众创业扶持计划、升级创业服务

资料来源：笔者整理。

表 3 - 7 　　　　　陕西省部分地市主要创业政策文件梳理

发布日期	发布部门	政策文件名称	政策要点
2015 年 9 月 15 日	安康市人民政府	《安康市人民政府关于进一步做好新形势下就业创业工作的实施意见》	强化资金保障、拓展服务平台、放宽市场准入、加大财税支持、建立创业项目库、强化服务配套
2015 年 9 月 30 日	商洛市人民政府	《商洛市人民政府关于进一步做好新形势下就业创业工作实施方案的通知》	优化创业环境、打造创业平台、创新金融服务、加大财税支持、开展创业培训、营造创业氛围
2016 年 4 月 27 日	西安市人民政府	《西安市人民政府关于进一步做好为农民工服务工作的实施意见》	做好农民工返乡创业服务工作 7 个"行动计划"①

---

① 重点实施提升基层创业服务能力、整合发展返乡创业园区、开发农业农村资源支持返乡创业、完善基础设施支持返乡创业、加强电子商务进农村综合示范效力、完善创业培训服务体系、开展返乡创业与万众创新有序对接 7 个"行动计划"。

续表

发布日期	发布部门	政策文件名称	政策要点
2019 年 3 月 14 日	西安市 人民政府	《西安市人民政府关于做 好当前和今后一个时期 促进就业工作的通知》	优化创业环境、创新金融服务、 强化载体建设、营造创业氛围
2019 年 11 月 25 日	西安市 人民政府	《西安市人民政府关于表 彰 2019 年西安市创业明 星的决定》	营造创业氛围
2020 年 4 月 9 日	宝鸡市 人民政府	《宝鸡市人民政府关于进 一步做好稳就业工作的 意见》	创新金融服务、加大财税支持、 放宽场地限制、升级创业园区
2020 年 9 月 29 日	渭南市 人民政府	《渭南市人民政府办公室 关于开展促进高校毕业 生就业创业十大行动的 实施意见》	推动人才回归、金融财政支持、 打造创业中心、营造创业氛围
2021 年 5 月 12 日	中共汉中市 委办公室 汉中市人民 政府办公室	《支持返乡创业推动乡村 振兴若干措施（试行)》	优化创业环境、强化服务保障、 创新财政支持、提供金融支持、 保障创业用地、强化人才引育、 建立孵化基地、培育致富带头 人、实施营销补贴等
2021 年 10 月 26 日	西安市 人民政府	《西安市优化创新创业生 态着力提升技术成果转 化能力工作措施》	积极推动秦创原创新驱动平台建 设、推动高校创新创业、激发创 新创业活力、提升创业服务水 平、打造创新创业金融生态、营 造良好创新创业氛围

资料来源：笔者整理。

　　从以上陕西省政府及部分地市政府创业政策梳理汇总结果看，陕西省创业政策的密集出台集中于 2015 年之后，这与国家创业政策密集出台的时间相吻合。政策措施方面总体遵循国家创业扶持政策框架，从创业环境、创业服务、创业氛围、金融支持、财税支持等方面提出实施意见和落实举措，政策总体偏向于优惠措施。但对于项目支持、创业引导、招才引智、政策落地、政策评估等方面缺乏系统部署。

3.3 本章小结

　　本章以改革开放后我国经济体制改革和创业政策演变历程为逻辑主线，梳理总结了党中央、国务院、国务院各部委及陕西省主要创业扶持政策，共分为两个部分。一是在借鉴相关学者创业政策划分阶段的基础上，结合我国经济体制改革和经济结构转型升级，将创业政策划分为允许个体经济、支持私营经济、鼓励非公有制经济、以创业带动就业、"大众创业、万众创新"五个阶段，梳理每个阶段的创业政策要点，简要概况每个阶段的政策特点。二是梳理总结了2007年以来陕西省政府及部分地市政府出台的创业支持政策文件，总结概况文件中的政策要点，这为后续创业政策绩效评估及陕西省返乡创业发展的政策体系构建提供依据。

第4章 陕西省返乡创业现状分析

自 2016 年陕西省 18 个县（区）① 被纳入国家返乡创业试点以来，陕西省高度重视返乡创业问题，尤其是持续开展西部地区农民工创业促进工程试点，探索以创业带动就业，促进充分就业的新路子，引导新生代农民工返乡就业创业。截至 2020 年底，全省已建成省级返乡创业示范园区 24 个②。根据国家统计局陕西调查总队 2018 年

---

① 按照《关于结合新型城镇化开展支持农民工等人员返乡创业试点工作的通知》和《关于同意河北省威县等 90 个县（市、区）结合新型城镇化开展支持农民工等人员返乡创业试点的通知》《关于同意河北阜城县等 116 个县（市、区）结合新型城镇化开展支持农民工等人员返乡创业试点的通知》《关于同意河北省大名县等 135 个县（市、区）结合新型城镇化开展支持农民工等人员返乡创业试点的通知》，陕西省韩城市、子长县、紫阳县、平利县、扶风县、澄城县、商南县、延安市宝塔区、咸阳市杨陵区、眉县、铜川市耀州区、铜川市印台区、延川县、定边县、镇巴县、西乡县、石泉县、洛南县被确定为结合新型城镇化开展支持农民工等人员返乡创业试点地区。

② 按照《陕西省创业孵化基地（返乡创业园区）认定管理暂行办法》《陕西省创业孵化基地（返乡创业园区）认定管理办法》有关要求，2017 年确定安康垚森富硒食品现代产业园区、铜川市陈炉古镇返乡创业园区、铜川市黄堡工业园区、安康平利县田珍茶业创业园区、汉中西乡县五丰创业孵化园区、渭南富平县中华郡返乡创业园区、商洛高新区返乡创业园区、安康汉滨汉岚返乡创业园区、咸阳黄土地生态园区、渭南潼关县潼关古城创业园区 10 家为陕西省省级返乡创业示范园区。2018 年确定铜川印台区返乡农民工创业孵化园区、陕西合阳工业园区投资返乡创业园区、白水县和园返乡创业园区、平利县盛丰源返乡创业园区、富平县中农西部农博城返乡创业园区、略阳县工业园区返乡创业园区、陇县关山草原返乡创业园区、中国洛川苹果城返乡创业园区 8 家单位为省级返乡创业示范园区。2019 年认定陕西起源农业科技返乡创业孵化园区、平利县乡源返乡创业园区、汉阴美食街返乡创业园区、安康市满意返乡创业园区 4 家单位为陕西省返乡创业示范园区。2020 年认定长武义务商贸物流城返乡创业园区、汉中"汉家妹子"家政返乡创业园区 2 家单位为陕西省返乡创业示范园区。

《陕西农民工返乡创业调研报告》显示，2016年全省农村劳动力转移总量保持在700万人左右①，有返乡创业意愿的农村劳动力的比例约为30%，总量达200万人左右。2015~2017年，全省农民工返乡创业人数累计分别为41.05万人、45.21万人、48.1万人，年均新增创业人数3.5万人，年均增长8.25%；全省返乡人员创办企业或经济实体数量分别为23.8万个、25.25万个、25.84万个，年均增幅4.2%以上，累计投资金额414.4亿元，安置当地农村劳动力转移就业147.48万人②。在政府一系列创业政策的支持和引导下，越来越多的外出人员走上了返乡创业之路，客观上促进了陕西省返乡创业的发展。但返乡创业呈现哪些基本特点？返乡创业的经济社会效应如何？创业面临哪些主要问题？创业政策实施效果如何？这些问题需要深入了解和掌握。

本书对陕西省返乡创业者进行了问卷调查和实地走访，调查内容涉及返乡创业者的总体情况，创业绩效的影响因素，以及对创业政策宣传、落实、效果环节主要内容的反馈。调查方式采取线上线下相结合：一方面，按照《关于同意河北省威县等90个县（市、区）结合新型城镇化开展支持农民工等人员返乡创业试点的通知》《关于同意河北省阜城县等116个县（市、区）结合新型城镇化开展支持农民工等人员返乡创业试点的通知》《关于同意河北省大名县等135个县（市、区）结合新型城镇化开展支持农民工等人员返乡创业试点的通知》，在韩城市、扶风县、镇巴县、西乡县、石泉县、洛南县6个国家级结合新型城镇化开展支持农民工等人员返乡创业试点地区，依靠社会关系网络将通过"问卷星"平台制作好的问卷链接或二维码发

---

① 根据国家统计局陕西调查总队数据显示，2021年，陕西全年农民工总量783.7万人，较上年增加31.3万人，增长4.2%。其中，本地农民工239.1万人，增长3.1%；外出农民工544.6万人，增长4.6%。

② 王向华，赵莎莎. 农民工返乡创业不断升温 去年省内返乡人员创办企业或经济实体数为25.84万个［N］. 陕西工人报，2018-12-04（01）.

送给创业者；另一方面，按照《陕西省创业孵化基地（返乡创业园区）认定管理暂行办法》《陕西省创业孵化基地（返乡创业园区）认定管理办法》，在汉中市西乡县五丰创业孵化园区、汉中市略阳县工业园区返乡创业园区、宝鸡市陇县关山草原返乡创业园区、安康市满意返乡创业园区 4 个"陕西省返乡创业示范园区"，以及汉中市南郑区、宁强县部分创业者进行了问卷调查、深度访谈和跟踪调研。线上线下共调查 231 位创业者，获得有效问卷 231 份，有效率达 100%。

4.1　返乡创业的基本特点

4.1.1　返乡创业者的基本信息

根据对 231 位返乡创业者的调查，男性 137 人，占比 59.3%，女性 94 人，占比 40.7%，男性返乡创业者高出女性 18.6 个百分点。但相较于 2008 年国务院发展研究中心《农民工回乡创业问题研究》课题组的调查研究，当时返乡创业者中男性占比 90.9%，女性仅占 9.1%，男女比例相差较大。与此对比，当前返乡创业者中男女占比差距大幅缩小，表明近年来女性已成为继农民工、大学生、退役军人创业者之后的第四支重要创业队伍。从年龄分组看，31~50 岁之间的创业者共计 173 人，占比 74.9%，表明中青年人是当前陕西返乡创业的主要群体（见表 4-1）。

表 4-1　　　　　返乡创业者的基本信息（N=231）

样本特征		样本数（人）	所占比例（%）
性别	女性	94	40.7
	男性	137	59.3

样本特征		样本数（人）	所占比例（%）
年龄	18~30 岁	30	13.0
	31~40 岁	89	38.5
	41~50 岁	84	36.4
	50 岁以上	28	12.1

资料来源：笔者整理。

4.1.2 返乡创业者的人力资本

调查显示，在教育资本方面，231 位返乡创业者中有 84 位具有大专学历，占比 36.4%，初中学历、高中或中技、本科及以上的分别为 34 人、60 人、53 人，占比分别为 14.7%、26.0%、22.9%，表明当前返乡创业者的受教育年限提高，整体文化水平较高。在技能资本方面，231 位返乡创业者中，173 人掌握一定的技能手艺，占比 74.9%。在经验资本方面，133 人具有外出务工经历，占比 57.6%。创业者从经济发达城市回乡创业的过程，也就是利用他们在城市务工过程中所积累的资金、技术、人力资本等资源回乡创办企业的过程。正是由于长期的外出务工经历，使创业者在务工过程中积攒了创业资金、积累了知识经验、开阔了视野范围、增长了胆识才干、掌握了技能手艺，因此具备了创业的潜能，为返乡创业打下良好的基础。在心理资本方面，分别有 74.0%、48.9% 的创业者认为自己具有比较强的吃苦耐劳精神和风险承受能力，26.0%、48.9% 的创业者认为自己吃苦耐劳精神和风险承受能力一般。在能力资本方面，分别有 32.5%、34.2% 的创业者认为自己具有较强的经营管理能力、机会把握能力，64.5%、62.8% 的创业者认为自己经营管理能力、机会把握能力一般，认为这两个方面能力较差的比例都为 3.0%（见

表 4 - 2）。这表明，当前返乡创业者整体创业能力有待通过创业培训进一步提升。

表 4 - 2　　　　　　　返乡创业者的人力资本（N = 231）

样本特征		样本数（人）	所占比例（%）
教育资本	初中	34	14.7
	高中或中技	60	26.0
	大专	84	36.4
	本科及以上	53	22.9
技能资本	无技能手艺	58	25.1
	有技能手艺	173	74.9
经验资本	无务工经历	98	42.4
	有务工经历	133	57.6
心理资本	吃苦耐劳精神强	171	74.0
	吃苦耐劳精神一般	60	26.0
	吃苦耐劳精神较差	0	0
	风险承受能力强	113	48.9
	风险承受能力一般	113	48.9
	风险承受能力较差	5	2.2
能力资本	经营管理能力强	75	32.5
	经营管理能力一般	149	64.5
	经营管理能力较差	7	3.0
	机会把握能力强	79	34.2
	机会把握能力一般	145	62.8
	机会把握能力较差	7	3.0

　　注：人力资本主要包括返乡创业者的教育资本、技能资本、经验资本、心理资本、能力资本、最希望获得的技能知识。

　　资料来源：笔者整理。

　　虽然多数返乡创业者都具备一定的技能手艺和外出务工经历，但仍有相当一部分人没有掌握技能手艺（占比 25.1%）或不具有外出务工经历（占比 42.4%），甚至可能存在少数人员既无技能手艺又无外出务工经历。个人能力是影响创业的首要因素，技能手艺和知识经验不足，既会降低返乡人员的创业意愿，又会增加创业失败的风险，而通过创业培训来提高返乡人员的职业技能和创业能力是促进返乡创业的有效途径。因此，迫切需要为返乡创业者提供与创业项目相匹配的知识技能培训，以此降低缺乏技能手艺和没有外出务工经历对返乡人员产生的制约影响。在所调查的 231 位返乡创业者中，216 人都表示愿意进一步学习相关技能知识的强烈意向，占比高达 93.5%。这充分说明，为返乡创业者提供创业技能培训的必要性和紧迫性。同时，创业者最希望获得的技能培训知识是包含"实用技术"或"经营管理"在内的多项知识需求，分别为 180 人、155 人，占比分别为 77.9%、67.1%（见图 4-1）。

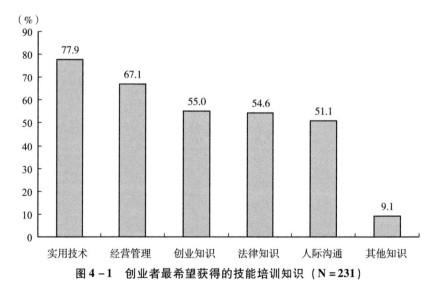

图 4-1　创业者最希望获得的技能培训知识（N = 231）

注：图中选项为包含此培训知识在内的多项需求，如包含"实用技术"在内的多项需求人数为 180 人，占比 77.9%。

资料来源：笔者绘制。

4.1.3　返乡创业者的经济资本

在创业过程中，资金是重要的生产要素，尤其在创业初期，由于创业者整体规模较小、经营实力较弱，又缺乏足够的有效抵押物和健全的财务制度，导致创业者很难从金融机构获得资金支持。此时，社会关系资本将为创业者解决资金问题开辟一个新的渠道。调查显示，231 位返乡创业者中，认为家庭收入水平在当地属于中等偏上、中等、中等偏下的比例分别为 15.6%、58.0%、26.4%，初创期拥有自有资金的创业者占比达到 62.3%。这表明，当创业者拥有自有资金且家庭收入水平较高，能够激发其创业动机。

从土地获取方式看，主要以租用城镇土地、流转经营农户土地、使用自有场地、租用村庄集体土地为主，占比分别为 26.0%、16.9%、16.5%、14.7%。作为县域经济发展中市场主体的主要承载平台工业园区或创业园区，创业入驻率仅为 4.8%。这表明，目前多数创业者的经营用地均为自行解决，实地调研中，多数创业者希望在用地方面加大支持力度。

从返乡创业者初次投资规模看，初次投资在 20 万元以下的创业者为 141 人，占比 61.1%，50 万元以上的为 46 人，占比 19.9%。这表明，目前返乡创业者经营规模总体较小，主要以中小企业（包括微型企业）为主。返乡创业者的经济资本，如表 4-3 所示。

表 4-3　　　　　　返乡创业者的经济资本（N=231）

样本特征		样本数（人）	所占比例（%）
收入水平	家庭收入水平在当地属于中等偏上	36	15.6
	家庭收入水平在当地属于中等	134	58.0
	家庭收入水平在当地属于中等偏下	61	26.4

样本特征		样本数（人）	所占比例（%）
自有资金	创业时有自有资金	144	62.3
	创业时无自有资金	87	37.7
土地获取方式	使用自有场地	38	16.5
	租用村庄集体土地	34	14.7
	流转经营农户土地	39	16.9
	租用或购买城镇土地	60	26.0
	使用县镇工业园区土地	11	4.8
	其他	49	21.2
初次投资规模	1万（不含）～5万元	60	26.0
	5万（不含）～20万元	81	35.1
	20万（不含）～50万元	44	19.1
	50万（不含）～100万元	24	10.4
	100万元以上	22	9.5

注：经济资本主要包括家庭收入、自有资金、经营场所土地获取方式、初次投资规模。
资料来源：笔者整理。

4.1.4 返乡创业者的社会资本

创业是一种复杂的生产经营活动，需要各种因素的共同作用。创业者的社会资本主要是指创业者与家庭、亲戚、朋友之间的人际关系网络，以及在关系网络中的角色和地位（贺景霖，2019）。社会资本有助于创业者解决资金、劳动力等资源短缺问题。创业者可以通过从社会关系网络中建立起来的信任与规范，获取真实的信息，以达到及时识别、开发利用创业机会，同时降低创业风险。在问卷调查的231位创业者中，在当地亲友数量较多的创业者为147人，占比63.6%，73.2%的创业者其亲友已经在创业（见表4-4）。这说明，除人力资本、物质资本外，创业者所拥有的社会网络关系在其创业过程中也发挥着重要作用。

表 4 – 4　　　　　　返乡创业者的社会资本（N = 231）

样本特征		样本数（人）	所占比例（%）
亲友数量	在当地的亲友数量多	147	63.6
	在当地的亲友数量少	84	36.4
人脉资源	有亲友创业	169	73.2
	无亲友创业	62	26.8
家庭成员合作	庭成员合作程度较好	131	56.7
	庭成员合作程度一般	92	39.8
	庭成员合作程度较差	8	3.5

注：社会资本主要包括亲友数量、人脉资源、家庭成员合作。
资料来源：笔者整理。

4.1.5　返乡创业的原因与条件

返乡创业是个体因素、家庭因素、创业环境共同作用的结果。根据马斯洛需求层次理论①，人类需求是按照从低级到高级的先后顺序出现的，当个体满足了较低的需求之后，就会出现较高级的需求。返乡创业者正是由于长期的外出务工、学习、参军经历，使创业者积攒了创业资金、积累了知识经验、开阔了视野范围、增长了胆识才干、掌握了技能手艺，他们具备了创业的潜能，已经不满足于通过就业来获取基本生活保障，而是通过创业来实现个人理想、抱负、价值，这是外出人员返乡创业的基本条件。国家统计局数据显示，2021 年全国人户分离人口达到 50429 万人，虽然很多农民

---

①　马斯洛需求层次理论是人本主义科学的理论之一，由美国心理学家亚伯拉罕·马斯洛于 1943 年在《人类激励理论》论文中提出。书中将人类需求从低到高按层次分为五种，分别是：生理需求、安全需求、社交需求、尊重需求和自我实现需求。

工实现了长期在城市生活、工作，但由于基本公共服务与城市居民难以实现均等化，导致他们很难真正融入城市生活，加之大部分农民工的家人仍然生活在家乡，这种家庭因素和故乡情结是促进他们返乡创业的自身动力。东西部地区产业梯度转移，中西部发展环境的改善，以及政府对返乡创业的大力支持，是促使外出人员返乡创业的外部推力①。问卷调查数据显示，包含强烈的创业意愿、个人家庭因素、当地发展环境改善、有外出务工经历、与家乡的天然联系在内的多项因素是促使外出人员返乡创业的主要原因，占比分别为52.8%、50.2%、34.2%、31.6%、25.1%。外出人员返乡创业的自身动力与外部推力，如图4-2所示。

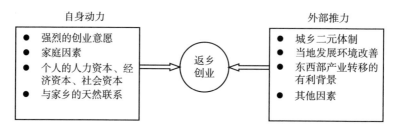

图 4 -2　外出人员返乡创业的自身动力与外部推力

资料来源：国务院发展研究中心《农民工回乡创业问题研究》课题组. 农民工回乡创业现状与走势：对安徽、江西、河南三省的调查［J］. 改革，2008（11）：15 - 30.

4.2　返乡创业的经济社会效应

近年来，党中央、国务院出台了《关于支持农民工等人员返乡创业的意见》《关于支持返乡下乡人员创业创新促进农村一二三产业融合发展的意见》《关于进一步推动返乡入乡创业工作的意见》《关

---

① 国务院发展研究中心《农民工回乡创业问题研究》课题组. 农民工回乡创业现状与走势：对安徽、江西、河南三省的调查［J］. 改革，2008（11）：15 - 30.

于推动返乡入乡创业高质量发展的意见》等促进返乡创业的政策支持文件。陕西省委省政府坚决贯彻落实党中央、国务院决策部署，把创业创新作为重大战略任务进行部署实施，使创业型经济"开枝散叶"，成为全省县域经济发展的重要力量，返乡创业迎来了蓬勃发展的新生机。"一人创业、带动周边"的返乡创业景象正在形成，返乡创业的经济社会效应逐步显现。

4.2.1　经济效应

4.2.1.1　返乡创业促进了农业产业现代化

习近平总书记指出，"产业兴旺，是解决农村一切问题的前提，从'生产发展'到'产业兴旺'，反映了农业农村经济适应市场需求变化、加快优化升级、促进产业融合的新要求。[①]"实现乡村产业振兴，促进农民增收必须对乡村产业结构进行调整和升级，返乡创业者正是这样一支重要力量。调查显示，当前返乡创业者虽然在行业选择方面仍然以种植养殖为主，但也有相当一部分返乡创业者选择了加工制造、建筑业、新兴产业、住宿餐饮、批发零售、运输流通、科教文卫、居民服务等二三产业，多元化的创业项目在一定程度上促进了三次产业的融合和产业结构的调整，形成了当地特色产业链。如陕西省镇巴县的陕西镇弘蜀乐食品科技发展有限公司[②]，走全产业链探索之路。在生猪养殖上，采取"公司＋合作社＋农户"模式，农户以自有资金在公司指定的仔猪繁育基地采购仔猪养殖，公司统一收购、统一加工、统一品牌、统一销售，并在收购费用中对农户仔猪采购成本

---

① 习近平. 把乡村振兴战略作为新时代"三农"工作总抓手［J］. 求是，2019
（11）：4－10.

② 该案例根据笔者 2021 年 6 月在陕西省镇巴县的调查整理而得。

进行补助；同时，为防范风险保护各方利益，采取"保险+担保"方式，农户与政府（发改项目补助）按1∶9保费比例共同为生猪进行投保，对于前期没有足够资金支付仔猪成本的农户，由公司统一担保，以确保农户和繁育基地的各方利益。在产品加工上，除生鲜肉之外，建立腊肉加工生产线、腊肉休闲食品加工生产线，目前已开发出成品腊肉、腊肉休闲食品、腊肉酱、腊味自热米饭等多个品种。在产品研发上，分别在汉中和西安成立研发中心，加强与陕西理工大学、西北农林科技大学等高校科研机构的对接合作，对新品种开发、产品保鲜技术等进行科研攻关。在经营销售上，采取"直营店+联营店+会员制""线上+线下"模式，目前在西安已建立直营店1家、联营店20家，并且创新开展"店中店"，以增加每个销售网点的品种供应。2021年，腊肉加工200多吨，产值近3000万元，带动了特色养殖、产品精深加工、餐饮服务等产业蓬勃发展，形成了以山地特色农业、镇巴腊肉精深加工等为主导的现代农业产业链。这个创业项目是返乡创业促进农业产业体系、生产体系、经营体系现代化的缩影，揭示了一个基本事实：返乡创业者通过延伸农业产业链，将小农户与大市场、分散农业与规模农业有效对接，促进了一二三产业融合和农村产业结构升级，形成了当地特色产业链。

4.2.1.2 返乡创业助力了县域经济高质量发展

返乡创业者在外出务工过程中，积累了宝贵经验，练就了过硬本领，开阔了知识视野，他们的回归可以为农村经济发展带来新思想、新观念。同时，返乡创业也带动了资金、技术、人才、项目等要素向乡村聚集流动和就地优化配置，汇聚了县域经济发展所需要素。陕西省南郑区的汉中美信信息科技有限责任公司①是美团汉中区域运营商，集网络平台运营、农产品销售、新媒体策划运营、仓储物流为一

---

① 该案例根据笔者2022年4月在陕西省南郑区的调查整理而得。

体的互联网公司。2021 年，投资建设占地面积 3000 平方米的网络直播创业孵化基地，集电子商务、直播带货、技能培训、文旅宣传四大功能于一体，通过建设专业化直播平台，完善电商供应链体系，激活区域公共品牌，强化劳动技能提升。实现"互联网＋现代农业"促进小农户对接大市场，"互联网＋仓储物流"促进农产品高效配送，"互联网＋新媒体"促进引流带动消费，实现了数字经济和实体经济融合发展，这个创业项目是互联网新技术对传统产业全方位、全链条改造的缩影，揭示了一个基本事实：数字技术、数字经济可以推动各类商品要素快速流动、各类市场主体加速融合，帮助市场主体重构组织模式，实现跨界发展，打破时空限制，延伸产业链条，为县域经济高质量发展提供重要动力支撑。

4.2.1.3　返乡创业促进了城乡融合发展

改革开放以来，大量农村劳动力单向外流，不断向城市聚集，这既加剧了乡村劳动力短缺，又进一步拉大了城乡发展差距，由此造成城乡经济发展不平衡。近年来，随着城乡一体化发展，城乡之间形成了人才互动、要素互动、信息技术互动的动态格局。外出人员返乡创业将乡村资源成功转化为乡村资产、乡村优势转化为经济价值，吸引了更多的投资者、吸纳了更多的就业者，在一定程度上缩小了城乡发展的差距。同时，外出人员经过多年在发达城市的工作经历，其阅历的增长、素质的提升、思想的解放，不管是回乡创业还是参与村干部竞选，都能发挥其"能人效应[①]"，实现乡贤反哺乡村，促进乡村治理体系的完善。

---

① 所谓"能人"，其"能"之处主要表现在该人群往往既有经济资源，又有人力资源，还有社会资源，具有超前思维和战略性眼光，有一定的合作意识和合作知识，是农村中的"精英"。

4.2.2 社会效应

4.2.2.1 返乡创业带动了当地就业

外出人员返乡创业，既可以打破农民单一的农业生产收入方式，增加农民收入，又能够创造更多就业岗位，带动本地劳动力就业。调查发现，62.3%的创业者能带动 1~10 人就业，22.5%的创业者能带动 10~30 人就业，8.7%的创业者能带动 31~50 人就业，6.5%的创业者能带动 51 人以上就业（见图 4-3）。由此可以看出，返乡创业在相当程度上促进了本地劳动力就业的提升。

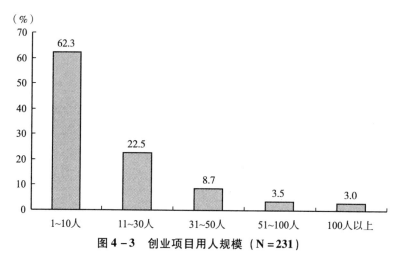

图 4-3　创业项目用人规模（N=231）

资料来源：笔者绘制。

4.2.2.2 返乡创业带动了群众共同致富

返乡人员创业成功，既可以为其他创业人员树立学习的榜样，也可以带动当地有创业意愿的人员，激发他们的创业热情，发挥示范带动作用。调查显示，28.1% 的返乡创业者认为对周边群众起到了比较大的综合带动效应，7.8% 的创业者认为起到了很大的综合带动效应。这表明，返乡创业者在带动周边群众方面发挥着重要引领作用。如陕西省南郑区返乡创业大学生孙某创办的陕西同心创发农业发展有限公司①，坚持科技创新增强企业核心竞争力。与陕西师范大学、陕西理工大学致力于有机物、农作物改性研究的专家展开密切合作，在食用菌液体菌种技术等方面进行科研攻关，不断加大新品种培育，筑牢食用菌产业基础；同时，充分发挥公司在菌菇加工、市场营销、品牌培育等方面的优势和渠道，做强菌菇衍生产品开发，延伸产业链、提升价值链。坚持协同合作充分调动农户积极性。采取"公司＋农户"模式，按照"入园务工、半订单农业、订单农业②"梯次推进，充分调动农户积极性，带动更多农户加入食用菌产业链，实现农户和公司双赢。近 3 年来，累计带动当地 276 名群众就业增收，"订单农业"农户年均收入 10000 元以上。陕西省宁强县巴山镇返乡农民工王某于 2015 年返乡创业，但由于经验不足第一次尝试创业以失败告终。2016 年创办永定家庭农场③，依靠巴山良好的生态环境发展中蜂养殖，当年发展土蜂 300 群，实现经营性收入 25 万余元。农场坚持"绿色"发展理念，在中蜂养殖的基础上，进一步打造新的"绿色产业"，先后培育出土蜂蜜、金耳、黑木耳、猴头菇、香菇、竹荪菌、高山蔬菜、冷水大米等高品质特色农产品。现已建成食用菌及多元化生态农业产业示范种植基地 3.47 公顷，设施大棚 80 个，通过"可溯源"直播带货、社群营销、农超对接、同城配送、"村企互联"等模式，年销售收入 300 余万元，带动当地村民就地就业、家门口增收

---

① 该案例根据笔者 2022 年 4 月在陕西省南郑区的调查整理而得。

② 入园务工：农户以打工形式，获取劳动力工资收入。半订单农业：公司免费为农户提供菌包、技术、设施等，并对成品统一收购、统一销售，农户获取产品销售收入。订单农业：农户从公司购买菌包，利用农户和村集体经济组织闲置大棚，按照公司统一标准、作业流程进行种植，公司统一收购、统一加工、统一品牌、统一销售。

③ 该案例根据笔者 2022 年 4 月在陕西省宁强县的调查整理而得。

50 余万元，吸纳脱贫户及监测户通过土地流转、入园务工、托管生产、分红等方式，联农带农增收 20 余万元。实现了"大户带小户""强户带弱户"互动格局。这两个创业项目是"一人创业、带动周边"的缩影，揭示了一个基本事实：返乡创业将乡村生态资源优势转变为商业优势，在促进就业、带动群众共同致富方面发挥着重要引领作用。

4.2.2.3　返乡创业促进了人才和劳动力回流

由于多年的城乡二元结构体制，城乡发展的差距，导致乡村缺乏对人才的吸引力，大量劳动力外流。2021 年，《陕西省第七次全国人口普查主要数据公报》显示，陕西省常住人口与 2010 年第六次全国人口普查的 37327378 人相比，10 年共增加 2201621 人。关中地区增加 2474451 人，其中，西安市和杨凌示范区分别增加 4485070 人、52699 人，关中地区其他地市减少 2063318 人，陕北地区增加 368885 人，陕南地区减少 641715 人[①]。返乡创业既可以吸纳当地劳动力就业，也可以吸引长期背井离乡而无法照顾家庭的外出劳动力回乡就业。同时，创业企业引进外部专业人才、经营管理人才，有助于改善本地人力资源状况，为本地经济发展提供人才支撑。

4.3　返乡创业面临的主要问题

从调查结果看，返乡创业仍面临资金短缺、环境不优、培训不足等问题，影响着创业绩效的提升和创业政策效应的发挥。

---

① 陕西省统计局，陕西省第七次全国人口普查领导小组办公室. 陕西省第七次全国人口普查主要数据公报［1］［N］. 陕西日报，2021 - 5 - 20 (6).
关中地区包括西安市、铜川市、宝鸡市、咸阳市、渭南市、杨凌示范区，陕北地区包括延安市、榆林市，陕南地区包括汉中市、安康市、商洛市。

4.3.1 资金短缺融资难

实体经济是金融的根基，金融是实体经济的血脉，良好的金融环境对促进创业活动具有重要的推动作用。事实证明，完善的金融体系、便利的融资渠道、优惠利率的资金供给、健全的增信方式都对新创企业的建立和发展有较大影响。没有金融的大力支持，创业者难以持续做大做强。调查发现，92.2%的返乡创业者在创业期间遇到资金周转困难，这说明对于返乡创业者而言，资金不足是其创业面临的主要问题。在遇到资金周转困难时，52.4%的创业者依靠金融机构借贷，28.1%的创业者依靠亲友资助，12.1%的创业者依靠民间借贷，7.4%的创业者依靠其他方式（见图4-4）。

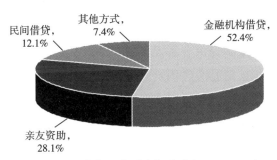

图4-4 返乡创业者融资解决途径（N=231）

资料来源：笔者绘制。

从金融机构融资便利程度看，根据对231位返乡创业者的调查，仅有14.7%的创业者认为从金融机构借贷容易，44.6%的创业者认为借贷便利程度一般，19.9%的创业者认为非常困难。此外，还有20.8%的创业者从未发生过金融机构资金借贷行为。陕西省西乡县返乡农民工王某创办的汉中宏志农业科技发展有限公司①，采取"公

① 资料来源：该案例根据笔者2022年5月在陕西省西乡县的调查整理而得。

司 + 农户"模式,从事吊瓜种植及吊瓜籽生产加工,每年9月吊瓜籽集中收购季,需要收购资金1000万元左右,由于缺少抵押品,难以从银行获得资金支持,只能采取民间资金周转。这反映出金融机构在融资方式、金融服务等方面对返乡创业者的支持力度还有待进一步加强。

4.3.2 创业环境不优

4.3.2.1 创业平台作用发挥不到位

调查发现,58.0%的返乡创业者表示政府没有为其提供创业孵化基地或要素保障,28.6%的返乡创业者表示政府提供了创业孵化基地或要素保障但并不完全,仅有13.4%的返乡创业者认为政府完全提供了创业孵化基地或要素保障。这表明,当前返乡创业园区、创业孵化基地作用发挥不到位。一些地方政府在招商引资和招引大项目上制定一系列优惠政策和提供全流程服务,但对于返乡创业项目,认为其规模小、纳税少,对县域经济发展、财政增收作用不大,虽然也制定了创业扶持政策,但落实情况不甚理想。有的市县让引进的大企业、大项目进工业园区,实行优惠政策或配套服务;而农民工回乡创业进不了园区,也得不到同等优惠政策和多项服务,这就形成了较大企业与中小微企业之间的不公平竞争①。

4.3.2.2 基础设施和配套产业不完善

调查发现,17.3%的返乡创业者认为当地基础设施和配套产业不完善,74.0%的返乡创业者认为完善程度一般,仅有8.7%的返乡创业者认为完善程度好。这表明,当前陕西省在创业扶持方面,仍存在基础设施不完善、配套产业不足、软硬件设施相较于其他地区较为薄

① 国务院发展研究中心《农民工回乡创业问题研究》课题组. 农民回乡创业现状与走势:对安徽、江西、河南三省的调查 [J]. 改革, 2008 (1): 15 - 30.

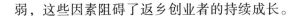

弱，这些因素阻碍了返乡创业者的持续成长。

4.3.2.3　外部资源难以获得

调查发现，26.4%的返乡创业者表示外部资源（供应商、顾客、服务、要素等）很难获得，70.1%的返乡创业者认为外部资源可获得性一般，仅有3.5%的返乡创业者表示外部资源容易获得。由此可见，外部资源的可获得性也是当前返乡创业者面临的一大难题，这既会加大现有创业者创业成功的难度，也会影响其他有创业意愿的外出人员回乡创业的积极性。

4.3.3　技能培训不足

虽然多数返乡创业者具备一定的技能手艺和务工经历，但由于创业的复杂性及生产经营的技术性，对返乡创业者提升创业绩效和创业成功率造成了一定的困难。调查发现，34.6%的返乡创业者表示政府没有为其提供职业技能培训和创业教育培训，44.2%的返乡创业者表示政府提供了但不完全，只有21.2%的返乡创业者表示政府完全提供了职业技能培训和创业教育培训。可见，政府仍需增加对返乡创业者的技能培训。此外，虽然部分行业提供了创业培训，但与创业者的不同技能需求、创业企业不同成长阶段结合不够紧密，忽视了返乡创业者创业能力、创业阶段和技能需求差异化的特点，未能与技术培训、管理培训、融资培训、市场营销培训等做到有效结合，导致培训缺乏针对性和实用性。

4.4　陕西省扶持返乡创业的政策措施

自2007年中央一号文件首次提出鼓励农民工回乡创业，支持大学生、乡土人才创办现代农业企业以来，陕西省委省政府高度重视返乡创业问题，坚决贯彻落实党中央、国务院决策部署，相继出台了一系列支持返乡创业的政策文件。如《陕西省人民政府办公厅关于认真做好农民工回乡创业工作的通知》《关于促进以创业带动就业工作的实施意见》《陕西省人民政府办公厅关于支持农民工等人员返乡创业的实施意见》《关于进一步推动返乡入乡创业工作的若干意见》等。分别从优化创业环境、健全创业服务、加大财税支持、创新金融服务等方面提出了一系列具体措施（见图4-5），鼓励、引导各类人员结合当地资源禀赋、特色产业，创办各类市场主体。截至2021年底，陕西省实有市场主体495.48万户，与上年同期相比增长12.06%，实有市场主体总量稳居全国第12位。其中，实有企业124.63万户，与上年同期相比增长15.22%；个体工商户363.30万户，与上年同期相比增长11.22%；农民专业合作社7.54万户，与上年同期相比增长2.75%，全省每千人拥有市场主体125.36户，全国排名第八位，西部排名第一位①。

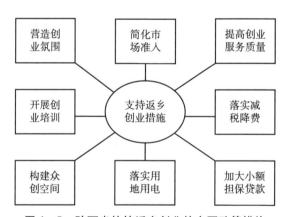

图4-5 陕西省扶持返乡创业的主要政策措施

资料来源：笔者绘制。

---

① 陕西省市场监督管理局登记指导处. 2021年我省市场主体稳步增长 新登记企业数量创历史新高 [EB/OL]. (2022-01-14) [2022-01-30]. http：//snamr. shaanxi. gov. cn/info/1519/13306. htm.

4.4.1　简化市场准入

大力推进注册资本认缴登记和"先照后证"改革、"五证合一、一照一码①"登记制度改革。推动住所登记制度改革，放宽住所（经营场所）登记条件，实行"一照多址"，市场主体在住所外设立经营场所或分支机构，其地址与住所在同一县级登记机关管辖区域内不同地址的，向所在地县级工商行政管理部门备案后，可不再办理分支机构登记注册②。各市（县、区）政府设立"绿色通道"，为返乡下乡人员创业创新提供便利服务。

4.4.2　提高创业服务质量

各地市成立创业指导中心，免费为创业者收集项目信息，提供项目开发、开业指导、创业培训、小额贷款、税费减免、政策咨询等"一条龙"服务③。组建企业家、创业成功人士、专业技术人员等组

---

①　"照"是指工商部门颁发的营业执照，"证"是指各相关行业主管部门颁发的经营许可证。"证照分离"改革之前，开办企业首先要取得行业主管部门的经营许可证，才能到工商部门申办营业执照。市场准入领域实施"先照后证"后，只要到工商部门领取营业执照，就可以从事一般性的生产经营活动，如果需要从事需要许可的生产经营活动，再到相关审批部门办理许可手续。2015 年 12 月 16 日，国务院常务会议决定，深化"先照后证"改革，开展"证照分离"试点，着力缓解办证难，激发"双创"活力。2018 年 10 月 10 日，国务院印发《关于在全国推开"证照分离"改革的通知》明确规定，对纳入"证照分离"改革范围的涉企（含个体工商户、农民专业合作社）行政审批事项分别按照直接取消审批、审批改为备案、实行告知承诺、优化准入服务四种方式进行管理。实行营业执照、组织机构代码证、税务登记证、社会保险登记证和统计登记证"五证合一"登记制度。2016 年 6 月 30 日，国务院办公厅发布了《关于加快推进"五证合一、一照一码"登记制度改革的通知》，从 2016 年 10 月 1 日起，全国范围内实施"五证合一""一照一码"登记。

②　陕西省人民政府办公厅. 关于支持返乡下乡人员创业创新促进农村一二三产业融合发展的实施意见［EB/OL］. （2017 – 08 – 18）［2022 – 01 – 30］. http：//www. shaanxi. gov. cn/zfxxgk/zfgb/2017_3991/d15q_4006/201708/t20170818_1638711. html.

③　陕西省人民政府. 关于进一步做好全民创业促就业工作的指导意见［EB/OL］. （2007 – 11 – 09）［2022 – 01 – 30］. http：//www. shaanxi. gov. cn/zfxxgk/fdzdgknr/zcwj/szfwj/szf/200711/t20071109_1667059. html.

成的专家团，开展专家服务基层活动，加大对返乡入乡创业人员的技术指导和跟踪服务力度。运用就业创业服务补贴，向社会购买基本就业创业服务成果，引导各类市场化服务机构为返乡入乡创业提供服务①。深化招才引智，将返乡创业人员纳入"陕西省高层次人才引进计划"和"陕西省高层次人才特殊支持计划"申报范围，为当地经济发展和返乡创业储备人才资源，提供智力支撑。

4.4.3　落实减税降费

将现有财政扶持措施向返乡下乡人员创业创新拓展，将符合条件的返乡下乡人员创业创新项目纳入强农惠农富农政策范围。扩大农产品加工企业进项税额核定扣除试点行业范围，落实农产品初加工所得税优惠政策。落实有关定向减税、税收减免和政府性基金、行政事业性收费等普遍性降费政策②。

4.4.4　加大小额担保贷款

陕西省政府成立小额担保贷款工作协调小组，各地市政府建立健全相应的组织协调机构和工作机构，将担保机构服务延伸到县区就业创业工作中，并降低担保费率和反担保要求。全面启动信用社区创建试点工作，大力推进"创业培训、信用社区与小额担保贷款"的联动机制③。

---

① 陕西省人力资源和社会保障厅，陕西省财政厅，陕西省农业农村厅. 关于进一步推动返乡入乡创业工作的若干意见 [EB/OL]. (2021 – 04 – 30) [2022 – 01 – 30]. http：// shaanxi. gov. cn/zfxxgk/zfgb/2021/d8q/202104/t20210430_2162172. html.

② 陕西省人民政府办公厅. 关于支持返乡下乡人员创业创新促进农村一二三产业融合发展的实施意见 [EB/OL]. (2017 – 08 – 18) [2022 – 01 – 30]. http：//www. shaanxi. gov. cn/zfxxgk/zf8b/2017_3991/d15q_4006/201708/t20170818_1638711. html.

③ 陕西省人民政府. 关于进一步做好全民创业促就业工作的指导意见 [EB/OL]. (2007 – 11 – 09) [2022 – 01 – 30]. http：//www. shaanxi. gov. cn/zfxxgknr/zcwj/szfwj/szf/ 200711/t20071109_1667059. html.

设立陕西省就业创业基金，为创业扶持对象提供股权投资、融资担保等服务①。

4.4.5　落实用地用电

鼓励返乡下乡人员依法以入股、合作、租赁等形式使用农村集体土地发展农业产业，依法使用农村集体建设用地开展创业创新；城乡建设用地增减挂钩腾退出的建设用地指标，以及通过农村闲置宅基地整理新增的耕地和建设用地，优先用于返乡下乡人员创业创新；鼓励返乡下乡人员依法依规利用"四荒地②"和厂矿废弃地、砖瓦窑废弃地、道路改线废弃地、闲置校舍、村庄空闲地开展创业创新。返乡下乡人员发展农林牧渔种养殖或农产品初加工用电均执行农业生产电价③。

4.4.6　构建众创空间

依托国家级、省级高新技术产业开发区及其他各类产业园区，围绕新兴产业链培育设立专业孵化器。依托现有开发区、现代农业产业园区等各类园区，以及农业企业、专业市场、农民合作社、规模种养基地等，整合发展一批具有区域特色的返乡下乡人员创业创新示范园

① 陕西省人民政府. 关于进一步加强就业创业工作的实施意见［EB/OL］.（2018 - 01 - 18）［2022 - 01 - 30］. http：//shaanxi. gov. cn/zfxxgk/zfgb/2018 _3966/d1q _3967/201801/t20180118_1638531. html.

② "四荒地"是农村较丰富的土地资源，包括依法归我国农民集体使用的"四荒地"和农民集体经济组织所有的"四荒地"，具体为荒山、荒沟、荒丘、荒滩等未利用的土地，属于现行经济环境中未得到充分、合理、有效利用的土地，但它们属于宝贵资源的一种。

③ 陕西省人民政府办公厅. 关于支持返乡下乡人员创业创新促进农村一二三产业融合发展的实施意见［EB/OL］.（2017 - 08 - 18）［2022 - 01 - 30］. http：//www. shaanxi. gov. cn/zfxxgk/zfgb/2017_3991/d15q_4006/201708/t20170818_1638711. html.

区及创业孵化示范基地①。自 2017 年发布《陕西省创业孵化基地
（返乡创业园区）认定管理暂行办法》以来，已建成 24 个省级返乡
创业示范园区。

4.4.7 开展创业培训

充分利用社会各类职业教育培训机构开展创业培训，积极与大专
院校合作对接，共同开展创业培训。遴选一批有资金、懂技术、会管
理、立志回乡创业的优秀农民工，到省内重点企业、龙头企业、大型
企业学习锻炼，帮助拓展回乡创业的思路②。如实施返乡下乡人员职
业技能提升培训"春潮行动③"、新型职业农民培育工程、农村青年
创业致富"领头雁"计划④、农村青年电商培育工程，开展农村妇女
创业创新培训⑤。

4.4.8 营造创业氛围

充分利用广播、电视、报刊、网络等新闻媒体，加强政策宣传解

---

① 陕西省人民政府办公厅. 关于支持返乡下乡人员创业创新促进农村一二三产业融
合发展的实施意见 [EB/OL]. （2017 – 08 – 18）［2022 – 01 – 30］. http：//www. shaanxi.
gov. cn/zfxxgk/zfgb/2017_3991/d15q_4006/201708/t20170818_1638711. html.

② 陕西省人民政府办公厅. 关于认真做好农民工回乡创业工作的通知 [EB/OL].
（2008 – 06 – 26）［2022 – 01 – 30］. http：//www. shaanxi. gov. cn/zfxxgk/zfgb/2008/d2q_
4218/200806/t20080626_1637729. html.

③ "春潮行动"主要是针对农村新成长劳动力，进行就业技能培训、岗位技能提升培
训或高技能人才培训、创业培训.

④ 共青团中央办公厅于 2014 年 2 月印发的《关于实施农村青年创业致富"领头雁"
培养计划的通知》指出，以农村青年能人、返乡创业青年、大学生村官等为重点，通过创
业培训、金融服务、结对帮扶、考察交流、搭建平台等路径，用 5 年时间培养 100 万名带
头人.

⑤ 陕西省人民政府办公厅. 关于支持返乡下乡人员创业创新促进农村一二三产业融
合发展的实施意见 [EB/OL]. （2017 – 08 – 18）［2022 – 01 – 30］. http：//www. shaanxi.
gov. cn/zfxxgk/zfgb/2007_3991/d51q_4006/201708/t20170818_1638711. html.

读，总结推广好经验、好做法，大力宣传返乡入乡创业典型和优秀乡村企业家，举办创新创业大赛、创业大讲堂和各类展示活动，营造全社会广泛关心、支持和参与返乡入乡创业的良好氛围①。

4.5　陕西省返乡创业政策实施效果

4.5.1　创业政策宣传与落实力度

创业政策要发挥作用，首先要让创业者知晓其政策内涵，了解通过何种渠道、采取何种方式才能享受到"政策红利"。调查显示，36.4%的创业者对创业政策不知道或听说过但不掌握，46.8%的创业者对创业政策了解一些，12.6%的创业者了解大部分创业政策，仅有4.3%的创业者很熟悉相关创业政策。在获取政策信息便利度方面，36.8%的创业者表示获取创业政策信息不便，39.4%的创业者认为获取政策信息便利程度一般，只有23.8%的创业者表示获取创业政策信息方便（见表4-5）。这表明，创业政策信息未及时有效传递给创业主体，政策宣传推广过程中存在梗阻。政府制定创业政策的目的是为了发挥政策对创业者的扶持作用，如果返乡创业者无法及时了解到全部政策信息，这不仅影响创业者获取"政策红利"，还会影响政策的普惠性，使政策效果大打折扣，无法实现政策出台的初衷。因此，加大政策宣传推广力度、完善政策信息咨询服务显得尤为重要。

---

① 陕西省人民政府办公厅. 关于认真做好农民工回乡创业工作的通知［EB/OL］. (2008－06－26)［2022－01－30］. http：//www. shaanxi. gov. cn/zfxxgk/zfgb/2008/d2q_4218/200806/t20080626_1637729. html.

表 4 – 5　　　　　　　　　创业政策宣传（N = 231）

样本特征		样本数（人）	所占比例（%）
政策知晓度	不知道	27	11.7
	听说但不了解	57	24.7
	了解一些	108	46.8
	了解大部分	29	12.6
	很熟悉	10	4.3
获取政策 信息便利度	很不方便	29	12.6
	不太方便	56	24.2
	一般	91	39.4
	比较方便	45	19.5
	很方便	10	4.3

资料来源：笔者整理。

　　从返乡创业者享受的政策类型看，包含"技能培训""税费减免"在内的多重享受的创业者较多，占比分别为 50.7%、44.6%，这与近年来农业农村部门注重培育农民合作社、家庭农场、新型职业农民紧密相关，也与国家持续加大对中小微企业和个体工商户税费减免紧密相关。在涉及创业者关键环节的信贷扶持、项目支持、用地优惠、创业园区等方面，政策落实情况不甚理想，甚至有 15.2% 的创业者从未享受过任何政策（见表 4 – 6）。如果仅仅是政策出台而没有真正落实见效，政策的影响是很微弱的，只有当创业者真正享受到政策优惠时，才会对其产生显著影响，进而营造浓厚的创业氛围。

表 4 – 6　　　　　　　　　创业政策落实（N = 231）

政策类型	样本数（人）	所占比例（%）
技能培训	117	50.7
税费减免	103	44.6

政策类型	样本数（人）	所占比例（%）
信贷扶持	75	32.5
绿色通道（包含工商手续简化）	50	21.7
信息咨询	60	26.0
项目支持	50	21.7
用地优惠	16	6.9
降低创业门槛	16	6.9
创业园区设立	11	4.8
从未享受过任何政策	35	15.2
其他	14	6.1

注：表中选项为包含此项政策在内的多重享受，如包含"技能培训"在内的多重享受人数为117人，占比50.7%。

资料来源：笔者整理。

4.5.2 创业政策实施成效

从创业领域看，返乡创业项目分布于多个行业，一二三产业均有所涉及，但主要以第一产业为主。231位返乡创业者中，95人从事种植养殖行业，占比41.1%；批发零售、加工制造领域创业者占比分别为11.7%、10.4%，其他行业占比相对较低（见表4-7）。这表明，农业依然是返乡创业者关注的主要领域。反映出陕西省返乡创业者受自身技能和所能掌握的资源要素限制，多数只能选择技术含量较低、创业门槛不高的劳动密集型行业。同时，在农业领域创业，生产资料的投入少于其他行业，加之返乡人员对农业生产活动的了解，农业领域自然成为返乡创业人员的第一选择。

表 4 – 7　　　　　　　　返乡创业者行业选择（N = 231）

行业	样本数（人）	所占比例（%）
种植养殖	95	41.1
采矿业	1	0.4
加工制造	24	10.4
建筑业	8	3.5
新兴产业	4	1.7
住宿餐饮	20	8.7
批发零售	27	11.7
运输流通	3	1.3
科教文卫	7	3.0
居民服务	18	7.8
其他	24	10.4

资料来源：笔者整理。

　　从经营效益看，根据对 231 位返乡创业者的调查，年产值（或销售额、营业额）10 万 ~ 50 万元的占比最高，为 34.6%，500 万元以上的占比仅为 8.2%。将返乡创业者初次投资规模和创业项目年产值结合分析后，可以发现，创业初次投资规模与年产值（或销售额、营业额）的变化趋势大体一致，表明创业初次投资规模大小在一定程度上决定着年产值（或销售额、营业额）的大小。同时，这些创业项目的经营效益也不容乐观。调查显示，目前经营效益"好"的仅占 22.1%，经营效益"一般"的占比 61.9%，经营效益"差"的占比 16.1%（见表 4 – 8）。

表 4 - 8　　　　　　　　经营效益与经营形式 (N = 231)

样本特征		样本数（人）	所占比例（%）
年产值 （或销售额、 营业额）	10 万元及以下	63	27.3
	10 万（不含）～50 万元	80	34.6
	50 万（不含）～100 万元	35	15.2
	100 万（不含）～500 万元	34	14.7
	500 万元以上	19	8.2
经营效益	很差	17	7.4
	比较差	20	8.7
	一般	143	61.9
	较好	45	19.5
	很好	6	2.6
经营形式	个体工商户	75	32.5
	私人企业	86	37.2
	股份制	28	12.1
	家庭农场	42	18.2

资料来源：笔者整理。

从经营形式看，返乡创业主要以个体和私营为主，经营规模较小。其中，私营企业占比 37.2%，个体工商户占比 32.5%，家庭农场和股份制占比分别为 18.2%、12.1%（见表 4 - 8）。这表明，返乡创业人数和市场主体数量虽然在增长，但普遍存在领域集中、竞争力弱、规模较小和发展后劲不足等问题。绝大多数创业者主要是以解决个人和家庭就业进行的生存型创业，成长型创业和价值型创业较少。

创业氛围一般代表了一个地方创业活动开展的整体情况，以及社会公众在相关创业活动过程中所表现的精神面貌和对创业失败者的包容态度。创业氛围能够影响人们创业意愿、创业行为。从创业氛围的营造看，认为周边创业氛围较差和很差的比例分别为 10.8%、9.1%，认为周边创业氛围一般的占比为 55.8%，认为周边创业氛围较好和很好的比例分别为 19.9% 、4.3% （见图 4－6）。这表明，与东部民营经济发达的省份相比，目前陕西省整体创业氛围不浓厚。

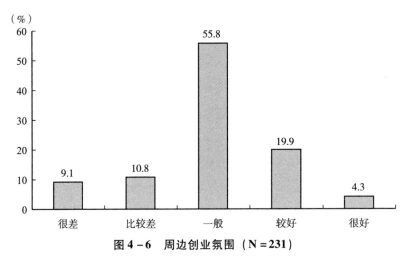

图 4－6　周边创业氛围（N＝231）

资料来源：笔者绘制。

4.5.3　创业政策反映回馈

返乡创业者对政策满意度的评价来自于利用政策后的直接感受，既可以表明创业者享受和利用相关扶持政策的具体情况，也可以反映创业政策在受众群体中发挥的实际效果及存在的问题，从而为政策优化提供参考。调查显示，返乡创业者对各类创业扶持政策的总体满意度评价一般，满意度均值为 3.325，换算百分比为 66.5%。从 10 项具体政策评价看，调查对象满意度评价相对较高的三项政策是税费减免、创业培训、降低创业门槛，占比分别为 52.4% 、42.0% 、40.7%，满意度评价较低的三项政策是用地优惠、项目支持、建设创业园区，占比分别为 31.2% 、32.0% 、32.0%（见表 4－9）。这表明，当前创业政策在落地落实方面还存在不足，政府各部门之间要加

强协调配合，使创业政策制定、宣传、落实、反馈、优化五个环节形
成工作闭环，建立层层抓落实的工作机制，为返乡创业者创造良好的
成长环境。

表 4 – 9　　　　返乡创业者对创业政策满意度评价（N = 231）

政策评价	不满意		一般		满意	
	样本数（人）	所占比例（%）	样本数（人）	所占比例（%）	样本数（人）	所占比例（%）
税费减免评价	32	13.9	78	33.8	121	52.4
创业培训评价	36	15.6	98	42.4	97	42.0
降低创业门槛评价	40	17.3	97	42.0	94	40.7
公共服务评价	36	15.6	105	45.5	90	39.0
绿色通道评价	49	21.2	93	40.3	89	38.5
信息咨询评价	48	20.8	96	41.6	87	37.7
信贷扶持评价	52	22.5	95	41.1	84	36.4
建设创业园区评价	56	24.2	97	42.0	74	32.0
项目支持评价	60	26.0	101	43.7	74	32.0
用地优惠评价	71	30.7	88	38.1	72	31.2

资料来源：笔者整理。

4.6　本章小结

本章以 231 位返乡创业者的问卷调查和实地走访结果为分析依
据，分析了返乡创业的基本特点、经济社会效应、面临的主要问题。
以陕西省出台的返乡创业政策文件为参考依据，简要梳理了陕西省扶
持返乡创业的主要政策措施，并结合问卷调查数据，分析了创业政策
实施效果，共分为五个部分。一是从返乡创业者的基本信息、人力资
本、经济资本、社会资本，以及返乡创业的原因与条件五个方面，采

用统计性描述法，分析了返乡创业的基本特点。二是根据实地走访结合典型案例，阐述了返乡创业的经济社会效应。三是从创业资金、创业环境、创业培训三个方面，重点分析了返乡创业面临的主要问题。四是以2007年以来陕西省及部分地市政府出台的创业政策文件为参考依据，从简化市场准入、提高创业服务质量、落实减税降费、加大小额担保贷款、落实用地用电、构建众创空间、开展创业培训、营造创业氛围八个方面简要梳理了陕西省扶持返乡创业的主要政策措施。五是采用统计性描述法，从创业政策宣传与落实力度、创业政策实施成效、创业政策反映回馈三个方面，分析了陕西省返乡创业政策实施效果。

第5章 返乡创业者创业绩效影响因素分析

5.1 研究假说

根据相关创业政策和学者的研究成果，结合实地调研所了解的创业者个体特征、从事行业、创业环境等信息，本章从个体因素、家庭因素、创业环境三个方面考察返乡创业者创业绩效的影响因素，并提出10个假说。

5.1.1 个体因素

创业特质理论认为，创业者和非创业者，创业成功者与创业失败者在个体特征、心理素质、个人能力等方面存在明显差异，创业成功与否取决于创业者的个体特质（张玉利和杨俊，2009）。创业者的个体特质包括性别、年龄、认知、动机、文化水平、个人能力、个人经验等因素，这些特征因素很大程度上决定了创业者在创业动力、成功欲望、风险偏好等方面的表现，塑造了创业行为选择，而这些创业行为会直接影响创业绩效（朱鹏，2020）。创业者在外出学习或务工过程中，随着掌握的知识、积累的经验不断增长，对市场信息的解读能力和学习能力也随之增强（周菁华，2013）。这种实践经历会促使创业者的管理能力、领导能力、机会识别把握能力和资源整合能力得到提升，这是创业成功并取得较好创业绩效的前提基础（朱红根和解春艳，2012）。除个体特征会影响创业绩效之外，创业者的经营形式及所处行业也会影响创业绩效。调研发现，在231个创业者样本中，32.5%的创业者属于个体工商户，他们由于受到资金、资源、市场、经营规模等因素限制，整体实力较弱，创业绩效较差（朱红根，2012）；41.1%的创业者从事种植养殖行业，由于其产品的高度相似性和附加值较低，致使在一个区域内市场竞争程度较高，这不但会分流客户、减少市场份额，还导致产品销量下降、经营利润减少（熊智伟，2018）。基于此，本章提出如下假说：

H5 - 1　返乡创业者的文化程度显著正向影响创业绩效。

H5 - 2　返乡创业者的机会把握能力显著正向影响创业绩效。

H5 - 3　与其他经营形式相比，个体工商户创业者创业绩效较差。

H5 - 4　与其他行业相比，种植养殖行业创业者创业绩效较差。

5.1.2　家庭因素

企业家资源禀赋理论认为，企业家创业前的资源禀赋构成其创业的资源基础，并影响着创业行为特征和创业过程中的一系列理性决策。创业者的资源禀赋由经济资本、人力资本、社会资本构成。其中，社会资本是一种嵌入社会网络的资源优势，它不仅取决于主体所处网络关系的结构，而且取决于网络关系的特征，并在一定程度上制约着主体所能接触到的信息，以及所能调动的资源水平（蔡晓珊和张耀辉，2011）。家庭网络关系是创业者社会资本的重要组成部分。多数个体创业者一般受自身条件限制，很难从外部获得所需的各种资源，此时创业者可以从家庭关系网络中获得信息、资金等（吴溪溪等，2020），而且家庭收入水平越高，越能为创业者提供较为可靠的资金支持（朱红根和梁曦，2017）。但家庭成员专长多样性、性别多样性、年龄多样性、教育多样性等家庭网络关系与创业绩效之间并非呈现线性关系，而是呈现倒"U"型关系；家庭成员多样性过低，不利于创业者获得更加广泛的知识、信息、技能、资源等，而家庭成员多样性过高，又可能会导致观点的冲突，甚至是家庭成员关系的冲突，进而带来精力的分散、管理的困难、决策的犹豫，这都会影响创业绩效的提升；只有家庭成员多样性保持在适度水平，既有利于整合外部多样性资源，又有利于强化内部群体学习效应，提升创业绩效（李后建和刘维维，2018）。基于此，提出如下假说：

H5-5　返乡创业者的家庭劳动力数量显著正向影响创业绩效。

H5-6　返乡创业者的家庭收入水平显著正向影响创业绩效。

H5-7　返乡创业者的家庭成员合作程度显著正向影响创业绩效。

5.1.3　创业环境

任何一个创业者的创业活动都会受到特定环境的影响，创业环境对创业活跃程度产生很强的正向影响（蔡莉等，2007），也会对创业绩效产生重要影响（Autio et al.，2018；Goswami et al.，2018）。创业环境是指在创业前期阶段、创业过程中、创业后发展阶段全生命周期内，对创业活动能够产生影响的多种要素构成的有机整体，环境内部各要素相互协同，形成区域创业生态系统（崔宏桥和吴焕文，2021）。其主要包括政府因素、经济因素、投资机构因素、科研机构和高校因素、社会氛围因素及人文因素等（高斌和段鑫星，2021）。政府因素中制度安排及政策措施是创业环境中的重要组成部分。制度经济学认为，制度对经济行为和经济发展会产生重要影响，合理的制度设计能激励创业者致力于生产性创业活动，并以此来促进社会财富增加和经济发展，不合理的制度设计则会驱使创业者投身于导致社会财富再分配的非生产性创业活动（李雪灵等，2010）。政府通过推进"放管服"改革，简化创业流程、降低创业门槛等制度创新，有助于优化创业环境、降低创业成本，提高创业者创新动力。在政策措施方面，政策宣传和政策落实对创业政策效果的发挥起着重要作用。创业政策宣传的目的在于畅通政策知晓渠道，减少政策出台后的信息不对称，政策宣传到位能够使创业者及时明确政策措施要点，从而有助于增强创业者的创业经营信心，提高创业绩效（吴克强等，2021）。但创业者能否真正享受到"政策红利"，关键在于政府能否将政策不折不扣落到实处。现有研究表明，政策扶持对创业绩效具有重要作用，包括市场基础、资金来源、制度政策、创业基础设施、技术基础、教育培训、人才资本、文化氛围在内的区域创业生态系统质量的提高，不仅可以直接促进创业绩效的提升，还可以通过间接提升创业活动的多样性，从而提高创业绩效（邬爱其等，2021）。同时，政策扶持通过改善金融服务对农民创业绩效产生间接正向影响（朱红根等，2015），社会互惠和社会支持通过提高创业活动的可能性、获取资源的可能性对农民工创业绩效产生显著正向影响（马红玉和王转弟，2018）。基于此，提出如下假说：

H5 - 8　获取政策信息的便利程度显著正向影响创业绩效。

H5 - 9　创业扶持政策显著正向影响创业绩效。

H5 - 10　当地环境的融洽程度显著正向影响创业绩效。

5.2　研究方法与变量定义

5.2.1　研究方法

Logistic 回归分析广泛应用于因变量为分类变量的回归模型，如果因变量是二分类变量，则可使用二分类 Logistic 回归模型，此二分类变量的编码不是 0 就是 1。Logistic 回归分析的核心概念是 logit（逻辑），它是胜算（odds）的自然对数（吴明隆，2010）。若 P 表示事件发生的概率，$1-P$ 表示事件不发生的概率，则事件发生的概率和不发生的概率与多项式的关系，如式（5-1）、式（5-2）所示。

事件发生的概率与函数关系为：

$$P = \frac{e^{f(x)}}{1 + e^{f(x)}} \tag{5-1}$$

事件不发生的概率与函数关系为：

$$1 - P = \frac{1}{1 + e^{f(x)}} \tag{5-2}$$

根据式（5-1）、式（5-2）可以得到胜算（odds）与函数的关系，如式（5-3）所示。

$$(odds) = \frac{P}{1-P} = \frac{\dfrac{e^{f(x)}}{1 + e^{f(x)}}}{\dfrac{1}{1 + e^{f(x)}}} = e^{f(x)} \tag{5-3}$$

对式（5-3）两边取自然对数可得到其线性方程式，如式（5-4）所示。

$$Logistic(P) = \ln\left[\frac{P}{1-P}\right] = \ln\left[e^{f(x)}\right]$$

$$= \beta_0 + \sum_{i=1}^{n} \beta_i X_i + \mu (i = 1, 2, 3, \cdots, n) \tag{5-4}$$

本章采用二分类 Logistic 回归分析来考察返乡创业者创业绩效的影响因素。将创业绩效作为被解释变量，同时令"创业绩效较差 = 0""创业绩效较好 = 1"。其中，P 表示创业绩效较好的概率，$1-P$ 表示创业绩效较差的概率，β_0 是常数项，β_i 是待估计系数，X_i 是解释变量（影响创业绩效的因素），μ 是随机误差项。

5.2.2　变量定义

对于创业绩效的影响因素，通过详细梳理近十年来党中央、国务院、陕西省政府发布的创业政策文件，深入分析文件中的政策类型、具体举措。同时，以 CSSCI 来源期刊为文献检索来源，将与创业绩效影响因素研究主题密切相关的文献作为基础。学习借鉴已有学者的研究成果，结合实地调研，本章选取性别、年龄、文化程度、机会把握能力、家庭收入水平、家庭合作程度、获取政策信息便利度、创业培训、家乡环境融洽程度等 26 个变量作为模型分析的解释变量。调查发现，返乡创业者的经营形式多为个体工商户、家庭农场、中小微私人企业（三者占样本总体的 87.9%），这些市场主体没有规范且详细的财务报表。因此，本章采用以往研究学者（郭红东和丁高洁，2013；罗明忠和陈明，2014；朱红根和梁曦，2017；邬爱其等，2021）使用的主观程度评价法来反映创业绩效。调查问卷中对于创业项目目前的经营效益设置了"很差""比较差""一般""比较好"和"很好"五级主观程度评价选项，根据二分类 Logistic 回归模型要求，本章将被解释变量"创业绩效"转换为二分类变量。其中，将"很差""比较差""一般"归类为"创业绩效较差"，赋值为 0；将"比较好"和"很好"归类为"创业绩效较好"，赋值为 1；其变量定义及描述性统计，如表 5-1 所示。

表 5-1　　　　　　　　变量定义及描述性统计（N=231）

类别	变量名称		变量定义	均值	标准差
因变量	创业绩效		创业绩效较差=0；创业绩效较好=1	0.221	0.416
自变量	个体因素	性别	女性=0；男性=1	0.589	0.493
		年龄	18~30岁=1；31~40岁=2；41~50岁=3；50岁以上=4	2.476	0.869
		文化程度	小学=1；初中=2；高中或中技=3；大专=4，本科及以上=5	3.662	0.995
		务工经历	无=0；有=1	0.576	0.495

续表

类别		变量名称	变量定义	均值	标准差
自变量	个体因素	风险承受能力	差 = 1；一般 = 2；强 = 3	2.468	0.542
		机会把握能力	差 = 1；一般 = 2；强 = 3	2.312	0.526
		初次投资规模	1 万（不含）~ 5 万 = 1；5 万（不含）~ 20 万 = 2；20 万（不含）~ 50 万 = 3；50 万（不含）~ 100 万 = 4；100 万以上 = 5	2.424	1.245
		亲友是否有创业	无 = 0；有 = 1	0.732	0.444
		经营形式	个体工商户 = 1；其他 = 0	0.325	0.469
		所处行业	种植养殖 = 1；其他 = 0	0.411	0.493
	家庭因素	家庭劳动力数量	1~3 人 = 1；4~5 人 = 2；5 人以上 = 3	1.204	0.464
		家庭收入水平	中等偏下 = 1；中等 = 2；中等偏上 = 3	1.892	0.640
		家庭合作程度	差 = 1；一般 = 2；好 = 3	2.533	0.565
	创业环境	政策知晓度	不知道 = 1；听说但不了解 = 2；了解一些 = 3；了解大部分 = 4；很熟悉 = 5	2.732	0.972
		获取政策信息便利度	很不方便 = 1；不太方便 = 2；一般 = 3；比较方便 = 4；很方便 = 5	2.788	1.035
		政策利用难易度	很难 = 1；比较难 = 2；一般 = 3；比较容易 = 4；很容易 = 5	2.394	0.935
		创业培训	不满意 = 1；满意度较低 = 2；一般 = 3；比较满意 = 4；很满意 = 5	3.359	1.098
		降低门槛	不满意 = 1；满意度较低 = 2；一般 = 3；比较满意 = 4；很满意 = 5	3.316	1.071
		园区支持	不满意 = 1；满意度较低 = 2；一般 = 3；比较满意 = 4；很满意 = 5	3.121	1.155
		绿色通道	不满意 = 1；满意度较低 = 2；一般 = 3；比较满意 = 4；很满意 = 5	3.225	1.131
		公共服务	不满意 = 1；满意度较低 = 2；一般 = 3；比较满意 = 4；很满意 = 5	3.320	1.047
		项目支持	不满意 = 1；满意度较低 = 2；一般 = 3；比较满意 = 4；很满意 = 5	3.087	1.131

续表

类别	变量名称		变量定义	均值	标准差
自变量	创业环境	税费减免	不满意 =1；满意度较低 =2；一般 =3；比较满意 =4；很满意 =5	3.580	1.096
		信贷扶持	不满意 =1；满意度较低 =2；一般 =3；比较满意 =4；很满意 =5	3.186	1.129
		用地优惠	不满意 =1；满意度较低 =2；一般 =3；比较满意 =4；很满意 =5	3.000	1.223
		家乡环境融洽度	差 =1；一般 =2；好 =3	2.178	0.589

资料来源：笔者整理。

5.3 实证分析

在 Logistic 回归分析之前，首先进行信度和效度检验。信度是指测验结果的一致性、稳定性及可靠性，一般多以内部一致性表示该测验信度的高低。信度系数越高，表明量表内各指标所测量的行为特征越接近，测验的结果越一致、稳定与可靠，测量误差值越小。一般采用 Cronbach's α 系数来测验调查问卷的信度，α 信度系数介于（0 ~ 1）。农纳利（Nunnally, 1978）[1] 认为，α 信度系数值等于 0.70 是一个较低但可以接受的量表边界值。德威利斯（DeVellis, 1991）[2] 认为，α 信度系数值如果在 0.60 ~ 0.65 之间最好不要，在 0.65 ~ 0.70 之间是最小可接受值，在 0.70 ~ 0.80 之间相当好，在 0.80 ~ 0.90 之间非常好。效度是指测验结果的正确性或可靠性，一般效度分析中采用 KMO（Kaiser - Meyer - Olkin）系数和巴特利球形检验（Bratlett test of sphericity）的显著性来评价调查问卷的效度。KMO 系数介于（0 ~ 1），越接近 1 说明问卷

---

[1] Nunnally J C. Psychometric Theory (2nd ed.) [M]. New York：McGraw - Hill, 1978.

[2] DeVellis R F. Scale Development Theory and Application [M]. London：SAGE, 1991.

的结构效度越好。一般进行因素分析的普通准则至少需要在 0.6 以上。

本章使用 SPSS 22.0 进行信度和效度检验，Cronbach's α 系数值为 0.852，KMO 检验值为 0.868，Bartlett 球形检验的卡方统计值等于 2594.739，且 $P = 0.000 < 0.01$。整体模型系数显著性检验结果显示，卡方值等于 98.651，$P = 0.000 < 0.05$，达到显著性水平（见表 5 - 2）。回归模型整体适配度检验结果，只有当 Hosmer - Lemeshow 检验值没有达到显著水平，回归模型的整体适配度才好，Hosmer - Lemeshow 检验结果显示，卡方值等于 4.439，$P = 0.815 > 0.05$，没有达到显著水平，整体回归模型适配度良好，26 个解释变量可以有效预测被解释变量创业绩效。

表 5 - 2　　　　　　模型系数的综合性检验

模型	卡方统计值	自由度	显著性
Step	98.651	26	0.000
Block	98.651	26	0.000
Model	98.651	26	0.000

资料来源：笔者整理。

使用 SPSS 22.0，分析个体因素、家庭因素、创业环境对返乡创业者创业绩效的影响，在变量进入回归模型方法中，采用向后逐步剔除法（Backward：Likelihood Ratio），根据概似比逐一剔除在回归模型中不显著的变量，经过 13 步回归得到回归分析结果，如表 5 - 3 所示。

表 5 - 3　　　返乡创业者创业绩效影响因素 Logistic
　　　　　　　回归分析结果（Backward：LR）

变量名称	系数	标准误	沃尔德检验	自由度	显著性	发生比率
文化程度	- 0.536	0.218	6.052	1	0.014	0.585

续表

变量名称	系数	标准误	沃尔德检验	自由度	显著性	发生比率
机会把握能力	1.361	0.433	9.900	1	0.002	3.902
经营形式	−1.011	0.504	4.028	1	0.045	0.364
所处行业	−0.911	0.467	3.805	1	0.051	0.402
家庭劳动力数量	−1.249	0.480	6.772	1	0.009	0.287
家庭收入水平	1.615	0.413	15.297	1	0.000	5.029
家庭合作程度	0.966	0.433	4.973	1	0.026	2.629
获取政策信息便利度	0.464	0.256	3.269	1	0.071	1.590
创业培训	0.509	0.301	2.859	1	0.091	1.663
降低门槛	0.651	0.355	3.372	1	0.066	1.918
公共服务	−1.316	0.495	7.059	1	0.008	0.268
项目支持	0.730	0.392	3.474	1	0.062	2.076
信贷扶持	−0.548	0.280	3.820	1	0.051	0.578
家乡环境融洽度	0.916	0.383	5.714	1	0.017	2.500
常数项	−9.993	2.296	18.945	1	0.000	0.000
−2Log likelihood	153.053					
Cox & Snell R^2	0.325					
Nagelkerke R^2	0.499					
总体预测准确率	84.8%					

资料来源：笔者整理。

由表5-3回归分析结果可知，从个体因素看，创业者的文化程度、机会把握能力、经营形式、所处行业4个个体因素对创业绩效具有显著影响，但影响方向呈现差异化。文化程度变量通过了5%水平上的显著性检验，回归系数为负，说明创业者文化水平高，并不代表创业项目一定能够获得较好绩效。实地调研中发现，大部分创业者从事种植养殖或低端加工制造行业，一些返乡创业大学生在校期间所学习的理论知识难以真正在创业实践项目上得到应用，同时一些基本农业技术、技能又没有熟练掌握，导致创业项目难以获得较好的经营效益。因此，H5 - 1 不成立，这与赵德昭（2016）的研究结论"西部地区拥有初中学历的返乡农民工更容易获得较高的创业绩效"相一致。机会把握能力变量通过了 1% 水平上的显著性检验，回归系数为正，说明机会把握能力越强，创业绩效越好。创业者机会把握能力强，对市场信息的敏感性也就越强，能够在瞬息万变的市场环境中先人一步发现市场机会，及时调整生产经营策略，适应市场需求变化，从表 5 - 3 沃尔德检验值可知，在个体因素中机会把握能力对创业绩效影响最大。因此，H5 - 2 成立，这与朱鹏（2020）、吴克强等（2021）的研究结论一致。经营形式变量通过了 5% 水平上的显著性检验，回归系数为负，说明与私营企业、股份制、家庭农场经营形式相比，个体工商户创业者创业绩效较差。个体工商户大多属于生存型创业，经营规模较小、实力较弱，难以从外部获得持续发展壮大的各类资源，创业绩效普遍较差。因此，H5 - 3 成立。所处行业变量通过了 5% 水平上的显著性检验，回归系数为负，说明与建筑业、居民服务业、新兴产业相比，种植养殖行业创业者创业绩效较差。实地调研中发现，从事种植养殖行业的产品同质化现象严重，市场竞争较为激烈，且销售的最终产品多为初级农产品，缺乏深加工，产品附加值较低。因此，H5 - 4 成立。

从家庭因素看，创业者的家庭劳动力数量、家庭收入水平、家庭成员合作程度 3 个家庭因素对创业绩效具有显著影响，但影响方向呈现差异化。家庭劳动力数量变量通过了 1% 水平上的显著性检验，回归系数为负，说明家庭劳动力数量较多的创业者不一定获得较好的创业绩效。家庭成员数量越多、多样性过高，可能会导致观点的冲突，甚至是家庭成员关系的冲突，进而带来精力分散、管理困难、决策犹豫，这都会影响创业绩效的提升（李后建和刘维维，2018）。因此，H5 - 5 不成立。家庭收入水平变量通过了 1% 水平上的显著性检验，回归系数为正，说明家庭收入水平越高，创业绩效越好。在创业者从外部获得金融资源较为有限的条件下，家庭收入水平越高，可以为其提供较为可靠的资金支持，从而有利于提高创业绩效（朱红根和梁曦，2017）。因此，H5－6成立。家庭成员合作程度变量通过了5%水平上的显著性检验，回归系数为正，说明家庭成员合作程度越高，创业绩效越好。创业者与家庭成员之间关系越紧密、信任程度越高，更容易获得人力、资金、资源等各方面帮助（吴溪溪等，2020）。因此，H5－7成立。

从创业环境看，获取政策信息便利程度、创业培训、降低创业门槛、公共服务、项目支持、信贷扶持、家乡环境融洽程度7个创业环境因素对创业绩效具有显著影响，但影响方向呈现差异化。创业者获取政策信息便利程度变量通过了10%水平上的显著性检验，回归系数为正，说明创业者了解政策信息越及时、掌握政策信息越多，越能够及时从扶持政策中享受到"政策红利"，创业企业绩效就越好（朱红根，2012）。因此，H5－8成立。创业培训、降低创业门槛、项目支持3个变量通过了10%水平上的显著性检验，回归系数为正，说明创业者通过创业培训掌握知识技能越多，政府在"放管服"等方面改革力度越大，项目支持数量越多，创业者创业绩效越好。公共服务、信贷扶持2个变量分别通过了1%、10%水平上的显著性检验，回归系数为负，说明政府需要提高政策资源配置的精准度，让真正想干事、干实事的人享受到"政策红利"，让真正的创业者能长期发展。因此，H5－9部分成立。家乡环境融洽程度变量通过了5%水平上的显著性检验，回归系数为正，说明当地社会包容性越强，尤其是对创业失败者能够以更加包容的心态去对待和帮助，就越容易激发创业者的创业动力、创新思维，这对提升创业绩效有积极的影响，这与文亮和李海珍（2010）的研究结论一致。因此，H5－10成立。

5.4　结论与启示

通过以上 Logistic 回归分析得到如下结论：（1）创业者的机会把握能力对创业绩效具有显著正向影响。（2）与其他经营形式相比，个体工商户创业绩效较差；与其他行业相比，种植养殖行业创业绩效普遍较差。（3）创业者的家庭劳动力数量对创业绩效具有显著负向影响，家庭收入水平、家庭成员合作程度对创业绩效具有显著正向影响。（4）创业者获取政策信息便利程度及家乡环境融洽程度对创业绩效具有显著正向影响，政策支持效果对创业绩效的影响呈现差异化。

在全面推进乡村振兴进程中，各级政府高度重视返乡创业问题，大力优化当地营商环境，多举措支持外出人员返乡创业，返乡人员创业意识逐步提高，在所调查的 231 位返乡创业者中，52.8% 的返乡创业者是受强烈的创业意愿驱使。这表明，创业动机对促进创业活动的开展起着重要推动作用，这需要政府在营造创业文化氛围上多下功夫。同时，有三点值得关注：一是返乡创业者的整体经营规模较小、效益水平不高，年产值（或销售额、营业额）在 50 万元以内的占比高达 61.9%，500 万元以上的占比仅为 8.2%；经营效益"很好"的仅占 2.6%、"一般"及以下水平的占比高达 78.0%。二是返乡创业者的经营形式多为个体工商户、家庭农场、中小微私人企业，三者占样本总体的 87.9%，经营实力整体较弱。三是多数返乡创业者从事种植养殖行业，占比 41.1%，其销售的产品主要为初级农产品或粗加工农产品，缺乏对农产品产业链的延伸和价值链的提升，未形成产业集群发展模式。因此，要加快现有大型专业批发市场改造升级，努力扩大规模、提升档次、增强辐射带动能力，为返乡创业者农产品销售创造更大的市场空间。同时，由农业产业化龙头企业牵头，农民合作社、家庭农场、小农户跟进，其他从事农业社会化服务的中小微企业共同参与，以分工协作为前提、利益联结为纽带，成立农业产业化联合体，走集群化发展模式。

5.5　本章小结

本章基于231位返乡创业者的调查数据，运用二分类 Logistic 回归模型，实证分析了返乡创业者创业绩效的影响因素，主要分为三个部分。一是利用文献研究法，结合实地调研结果，从创业者个体因素、家庭因素、创业环境三个方面考察返乡创业者创业绩效的影响因素，并提出 10 个假说。二是从理论层面介绍了二分类 Logistic 回归模型的基本原理，并对变量定义做了说明。三是利用问卷调查数据和二分类 Logistic 回归分析法，对影响返乡创业者创业绩效的因素进行实证分析。

第6章　影响创业政策满意度的
　　　路径分析

6.1　研究方法

在经济社会现象中，影响一个问题的因素有很多，要研究这个问题与影响因素之间的关系，可使用多元线性回归分析（或称为复回归分析）。多元线性回归分析是探讨两个或两个以上自变量对因变量的影响，目的是找到一个自变量的线性组合用于说明众多自变量和因变量之间的关系，其回归模型方程，如式（6-1）所示。

$$Y = \beta_0 + \sum_{i=1}^{k} \beta_i X_i + \mu_i (i = 1, 2, 3, \cdots, k) \qquad (6-1)$$

式（6-1）中，Y 为被解释变量（因变量），X_i 是解释变量（自变量），β_0 是常数项，β_i 是回归参数（表示在其他变量保持不变的情况下，X_i 每变动1个单位时，Y 的均值的变化），μ_i 是随机扰动项，k 是解释变量数目。

多元线性回归模型需要满足以下三个基本假定：（1）自变量是非随机的或固定的，且各个自变量之间互不相关（无多重共线性）；（2）随机误差项具有零均值和不序列相关性，即 $E(\mu_i) = 0$，$Cov(\mu_i, \mu_j) = 0$；（3）自变量和随机项不相关，即 $Cov(X_i, \mu_i) = 0$。在多元线性回归分析中，变量间的最佳关系为自变量与因变量具有中高度相关，而自变量本身之间呈现中低度相关。

多元线性回归模型的统计检验主要有：一是拟合优度检验，当决定系数与调整的决定系数（R^2）越接近1，模型的拟合优度越高。二是方程的显著性检验（F检验），目的是对模型中因变量与自变量之间的线性关系在总体上是否显著成立作出判断，如果这个值较大，则自变量联合体对因变量的解释程度高，总体存在线性关系；反之，总体上可能不存在线性关系。三是变量的显著性检验（T检验），方程的总体线性关系显著不等于每个自变量对因变量的影响都是显著的。因此，必须对每个自变量进行显著性检验，以决定是否作为解释变量被保留在模型中。

6.2　理论分析框架

创业政策满意度是衡量政策是否真正落地见效的重要指标。政府的制度安排和政策措施，创业者的个体特征、家庭因素都会对创业政策满意度产生影响。制度经济学认为，制度对经济行为和经济发展会产生重要影响。制度安排和政策措施是创业环境中的重要组成部分，政府通过加大政策宣传、降低政策门槛、营造良好创业氛围，有助于优化创业环境、降低创业成本，提高创业政策满意度。创业特质理论认为，创业者的性别、年龄、文化程度、务工经历、家庭收入水平等个体特征和家庭因素不仅直接影响创业行为、创业绩效和创业政策满意度，而且还会通过创业培训、信息咨询、信贷支持等中间变量对创业政策满意度产生间接影响（朱红根等，2011），即不同因素的影响路径不一样。

政策知晓度反映了返乡创业者对政策的了解程度。调查发现，36.4%的创业者对创业政策听说过但不了解，甚至不知道政策信息，46.8%的创业者了解一些，12.6%的创业者了解大部分，仅有4.3%的创业者很熟悉相关创业政策。获取政策信息便利度反映了创业者通过现有途径获取政策信息是否方便，36.8%的创业者表示获取创业政策信息不便，39.4%的创业者认为获取政策信息便利程度一般，只有23.8%的创业者表示获取创业政策信息方便，表明创业政策信息未通过便捷有效的渠道及时传递给所有返乡创业者，政策宣传推广过程中存在梗阻。政策利用难易度反映了创业政策在执行过程中，创业者获得政策支持的难度如何，政策门槛设置是否合理。调查发现，48.9%的创业者认为创业政策实际利用起来较难，说明创业扶持政策门槛较高，政策普惠性有待进一步提高。创业氛围反映了创业政策实施后是否能够营造一个良好的创业创新文化氛围，以及社会公众在相关创业活动过程中所表现的精神面貌和对创业失败者的包容态度。创业氛围能够影响人们创业意愿、创业行为。调查发现，认为周边创业氛围较差和很差的创业者占比分别为10.8%、9.1%，认为周边创业氛围一般的创业者占比为55.8%，认为周边创业氛围较好和很好的创业者占比分别为19.9%、4.3%，说明与东部民营经济发达的省份相比，陕西整体创业氛围不浓厚。基于以上理论分析和问卷调查，本章提出影响创业政策满意度的理论机理分析框架（见图6-1）。

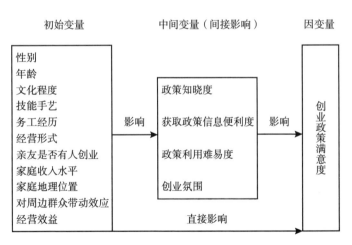

图6-1 影响创业政策满意度的理论分析框架

资料来源：笔者在借鉴朱红根等（2011）研究成果的基础上，结合调查问卷而得。

6.3 变量定义及描述性统计

本书以 CSSCI 来源期刊为文献检索来源，将与创业政策满意度研究主题密切相关的文献作为基础。在综合分析刘小春等（2011）、朱红根等（2011）、胡俊波（2014）的研究成果基础上，结合对返乡创业者的实地调研，本章选取性别、年龄、文化程度、是否有技能手艺、是否有务工经历、经营形式、亲友是否有人创业、家庭收入水平、家庭地理位置、对周边群众带动效应、经营效益 11 个指标作为模型分析的初始变量。把政策知晓度、获取政策信息便利度、政策利用难易度、创业氛围 4 个指标作为模型分析的中间变量。把创业政策满意度作为因变量，模型变量定义及描述性统计如表 6-1 所示。

表 6-1　　　　　变量定义及描述性统计（N = 231）

变量名称（符号）	变量定义	均值	标准差
创业政策满意度（Y）	不满意 = 1；满意度较低 = 2；一般 = 3；比较满意 = 4；很满意 = 5	3.325	1.065
性别（X_1）	女 = 0；男 = 1	0.589	0.493
年龄（X_2）	18 ~ 30 岁 = 1；31 ~ 40 岁 = 2；41 ~ 50 岁 = 3；50 岁以上 = 4	2.476	0.869
文化程度（X_3）	小学 = 1；初中 = 2；高中或中技 = 3；大专 = 4；本科及以上 = 5	3.662	0.995
是否有技能手艺（X_4）	无 = 0；有 = 1	0.749	0.435
是否有务工经历（X_5）	无 = 0；有 = 1	0.576	0.495
经营形式（X_6）	家庭农场 = 1；个体工商户 = 2，私人企业 = 3；股份制 = 4	2.433	0.925
亲友是否有人创业（X_7）	无 = 0；有 = 1	0.732	0.444

变量名称（符号）	变量定义	均值	标准差
家庭收入水平（X_8）	中等偏 = 1；中等 = 2；中等偏上 = 3	1.892	0.640
家庭地理位置（X_9）	远郊 = 0；近郊 = 1	0.719	0.451
对周边群众带动效应（X_{10}）	很小 = 1；比较小 = 2；一般 = 3；比较大 = 4；很大 = 5	3.191	0.982
经营效益（X_{11}）	很差 = 1；比较差 = 2；一般 = 3；比较好 = 4；很好 = 5	3.009	0.829
政策知晓度（M_1）	不知道 = 1；听说过但不了解 = 2；了解一些 = 3；了解大部分 = 4；很熟悉 = 5	3.320	1.047
获取政策信息便利度（M_2）	很不方便 = 1；不太方便 = 2；一般 = 3；比较方便 = 4；很方便 = 5	3.087	1.131
政策利用难易度（M_3）	很难 = 1；比较难 = 2；一般 = 3；比较容易 = 4；很容易 = 5	3.000	1.223
创业氛围（M_4）	很差 = 1；比较差 = 2；一般 = 3；良好 = 4；很好 = 5	2.996	0.921

资料来源：笔者整理。

6.4　多元回归路径分析

6.4.1　中间变量对因变量的多元回归分析

按照图 6 - 1 影响创业政策满意度的理论分析框架，本章首先对政策知晓度、获取政策信息便利度、政策利用难易度、创业氛围 4 个中间变量对创业政策满意度进行多元回归分析。表 6 - 2 中间变量对因变量的多元回归分析结果显示，决定系数（R^2）等于 0.554，表示 4 个中间变量可以解释因变量 55.4% 的变异量。4 个中间变量的方差膨胀因素（VIF）均小于 4（一般而言，方差膨胀因素值大于 10 时，表示变量间可能存在多重共线性问题），因此可以判断回归模型不存在严重的多重共线性问题。模型的显著性检验 F 等于 70.119，$P = 0.000 < 0.01$。由变量的显著性 T 检验可知，政策知晓度、政策利用难易度、创业氛围都通过了 1% 的显著性水平检验，其标准化回归系数分别为 0.346、0.250、0.211。这表明，创业者的政策知晓度对创业政策满意度影响最大，政策利用难易度次之，创业氛围再次之。这进一步说明创业者掌握的政策信息量越大，享受政策红利越便利，周边创业氛围越浓厚，对创业政策满意度评价越高。由于获取政策信息便利度未通过显著性水平检验，因此后面分析中不再将其纳入回归模型。

表 6 - 2　　　中间变量对创业政策满意度的多元回归分析结果

中间变量（符号）	非标准化回归系数	标准化回归系数	T 值	方差膨胀因素
政策知晓度（M_1）	0.351	0.346 ***	4.410	3.111
获取政策信息便利度（M_2）	0.069	0.073	0.824	3.958
政策利用难易度（M_3）	0.218	0.250 ***	3.337	2.853
创业氛围（M_4）	0.244	0.211 ***	4.091	1.342
常数项	0.563			
F	70.119 ***			
R^2	0.554			
Durbin - Watson	2.070			

注：*** 表示 1% 的显著性水平。
资料来源：笔者整理。

6.4.2 初始变量对中间变量和因变量的多元回归分析

从表 6 - 3 的回归结果可知，11 个初始变量的方差膨胀因素（VIF）均小于 1.5，也不存在严重的多重共线性问题。创业者的性别、年龄、经营形式、家庭地理位置等初始变量解释 3 个中间变量的

变异量分别为 9.5%、10.3%、21.0%，均高于直接解释因变量 8.1%
变异量的水平，而且从中间变量解释因变量的程度来看，也明显高于
初始变量直接解释因变量的程度。年龄、对周边群众带动效应、经营
效益 3 个初始变量对因变量产生直接显著影响；文化程度、经营形
式、经营效益 3 个初始变量对政策知晓度产生显著影响；年龄、务工
经历、家庭收入水平、经营效益 4 个初始变量对政策利用难易度产生
显著影响；亲友是否有人创业、家庭收入水平、家庭地理位置、对周
边群众带动效应、经营效益 5 个初始变量对创业氛围产生显著影响。

表 6 – 3　　　　　初始变量对中间变量和因变量的多元
回归分析结果（标准化回归系数）

初始变量（符号）	中间变量			因变量	方差膨胀因素
	M_1	M_3	M_4		
性别（X_1）	0.001	– 0.050	0.019	0.043	1.111
年龄（X_2）	– 0.106	– 0.138 *	0.004	– 0.128 *	1.215
文化程度（X_3）	– 0.151 **	– 0.088	0.039	– 0.070	1.296
是否有技能手艺（X_4）	– 0.042	– 0.054	– 0.079	– 0.083	1.073
是否有务工经历（X_5）	– 0.074	– 0.140 **	– 0.066	– 0.075	1.216
经营形式（X_6）	0.129 *	0.112	– 0.041	– 0.010	1.128
亲友是否有人创业（X_7）	0.017	0.066	0.139 **	0.004	1.101
家庭收入水平（X_8）	– 0.062	– 0.132 *	– 0.154 **	– 0.018	1.454
家庭地理位置（X_9）	0.067	– 0.022	– 0.139 **	0.097	1.226
对周边群众带动效应（X_{10}）	0.093	0.072	0.265 ***	0.131 *	1.259
经营效益（X_{11}）	0.167 **	0.180 **	0.316 ***	0.146 **	1.279
常数项	3.129	3.211	1.688	3.067	
F	2.078 **	2.290 **	5.297 ***	1.748 *	
R^2	0.095	0.103	0.210	0.081	
Durbin – Watson	1.825	1.856	2.109	2.040	

注：***、**、*分别表示 1%、5% 和 10% 的显著性水平。
资料来源：笔者整理。

6.4.3 影响创业政策满意度的路径分析

根据表 6-3 中标准化回归系数分别计算间接影响、直接影响、总影响。间接影响 = 初始变量对各个中间变量的标准化回归系数 × 该中间变量对因变量的标准化回归系数，总影响 = 间接影响 + 直接影响（王延中和江翠萍，2010）。由表 6-4 路径分析结果可知，对创业政策满意度影响最大（根据路径系数的绝对值；朱红根等，2011）的是创业者的经营效益，路径系数为 0.316；创业者对周边群众带动效应次之，路径系数为 0.187；创业者年龄再次之，路径系数为 -0.163；而创业者性别、是否有技能手艺对中间变量和因变量都没有显著影响。

表 6-4　初始变量对创业政策满意度评价的路径分析结果

变量名称（符号）	直接影响	间接影响			总影响
		M_1	M_3	M_4	
性别（X_1）	—	—	—	—	—
年龄（X_2）	-0.128		-0.035	—	-0.163
文化程度（X_3）	—	-0.052			-0.052
是否有技能手艺（X_4）	—	—	—	—	—
是否有务工经历（X_5）			-0.035		-0.035
经营形式（X_6）	—	0.045			0.045
亲友是否有人创业（X_7）				0.029	0.029
家庭收入水平（X_8）			-0.033	-0.032	-0.065
家庭地理位置（X_9）				-0.029	-0.029
对周边群众带动效应（X_{10}）	0.131			0.056	0.187
经营效益（X_{11}）	0.146	0.058	0.045	0.067	0.316

资料来源：笔者整理。

　　根据路径分析结果可以得到以下结论：（1）创业者年龄对创业政策满意度具有负向影响，在西部欠发达地区，随着创业者年龄不断增大，其思想和行动更趋于保守和稳定，难以获得较高的创业绩效，使其对政策满意度评价较低。（2）创业者文化程度对创业政策满意度具有负向影响，这种负向影响主要来自对政策知晓度的负向影响。文化水平较高的创业者更加倾向于通过新媒体或官方网站等了解政策信息，如果政府部门没有及时对政策措施进行网络发布，就会使部分创业者难以及时掌握政策信息。（3）务工经历对创业政策满意度具有负向影响，这种负向影响主要来自对政策利用难易度的负向影响。西部欠发达地区外出务工人员绝大部分为农民工，可能由于其认知能力、接受能力的原因，对政策内涵理解不到位，影响其政策获取能力。（4）有亲友创业对创业政策满意度具有正向影响，这种正向影响主要来自对创业氛围的正向影响。有亲友创业的创业者更能直接感受到周边创业氛围，而且也更容易通过人际传播渠道了解更多政策信息，对创业政策满意度评价也就越高。（5）家庭收入水平对创业政策满意度具有负向影响，调研中发现，家庭收入水平高的创业者对政策期望较高，而当地的政策宣传力度、落实力度与这种期望存在一定的差距，从而影响其创业政策满意度评价。（6）家庭地理位置对创业政策满意度具有负向影响，这种负向影响主要来自对创业氛围的负向影响。可能家庭位置处于城市近郊的创业者更能直接感受到周边创业氛围，而实地调研发现，目前陕西省多数地区整体创业文化氛围不浓厚，使其对政策满意度评价不高。（7）经营形式、对周边群众带动效应、经营效益都对创业政策满意度具有正向影响，股份制企业或对周边群众带动效应大的企业总体生产经营规模较大、实力较强，更容易获得较多政策支持，对创业政策满意度评价也较高。

6.5 结论与启示

通过以上多元回归分析和路径分析得到如下结论：（1）目前，陕西省返乡创业者对创业政策满意度评价总体较低，满意度均值为3.325，换算百分比为66.5%。（2）创业者年龄、对周边群众带动效应、经营效益既对创业政策满意度产生直接显著影响，又会通过政策知晓度、政策利用难易程度、创业氛围3个中间变量对创业政策满意度产生间接影响。（3）创业者文化程度、务工经历、经营形式、亲友创业、家庭收入水平、家庭地理位置间接影响对创业政策满意度的评价。因此，政府要畅通政策知晓渠道、明确政策措施要点、提高政策利用便利、弘扬创业创新文化，以吸引更多外出人员返乡创业。

6.6 本 章 小 结

本章基于231位返乡创业者的调查数据，运用多元回归分析和路径分析，实证研究了影响创业政策满意度的因素，主要分为三个部分：一是从理论层面介绍了多元线性回归模型的基本原理。二是基于理论研究和问卷调查，提出影响创业政策满意度的理论机理分析框架。三是运用多元回归分析和路径分析法，分别计算中间变量对因变量的回归系数、初始变量对中间变量和因变量的回归系数，并根据总影响＝间接影响＋直接影响，计算各因素对创业政策满意度的影响路径系数。

第7章　影响创业政策绩效的因素分析

7.1　研究方法

因子分析法（或称因素分析法）是将数量众多的数据变量缩减成少数几个可以描述大部分原数据变量信息的多元统计分析方法。它是根据原数据变量的因子载荷大小，把密切相关的几个原数据变量归为同一类，每一类变量就成为一个新的解释因子，新解释因子可以表示成原数据变量的线性组合，且彼此间相关性很小或不相关，从而达到以最少的共同因素对总变异量作出最大的解释。具体数学模型，如式（7-1）、式（7-2）所示。

设有 $X_i(i=1, 2, 3, \cdots, n)$ 个变量，其表达式为：

$$X_i = \mu_i + a_{i1}F_1 + a_{i2}F_2 + \cdots + a_{im}F_m + \varepsilon_i (m \leqslant n) \qquad (7-1)$$

$$或 \begin{bmatrix} X_1 \\ X_2 \\ \cdots \\ X_n \end{bmatrix} = \begin{bmatrix} \mu_1 \\ \mu_2 \\ \cdots \\ \mu_n \end{bmatrix} + \begin{bmatrix} a_{11} & a_{12} & \cdots & a_{1m} \\ a_{21} & a_{22} & \cdots & a_{2m} \\ \cdots & \cdots & \cdots & \cdots \\ a_{n1} & a_{n2} & \cdots & a_{nm} \end{bmatrix} \begin{bmatrix} F_1 \\ F_2 \\ \cdots \\ F_m \end{bmatrix} + \begin{bmatrix} \varepsilon_1 \\ \varepsilon_2 \\ \cdots \\ \varepsilon_n \end{bmatrix} \qquad (7-2)$$

式（7-1）中，F_1，F_2，$\cdots$，F_m 称之为共同因子；a_{im} 称之为共同因子的因子载荷；ε_i 为特殊因子；μ_i 为常数项，且满足 $cov(F, \varepsilon)=0$。

因子分析是一种潜在的结构分析法，其理论模型假定每个指标（题项）均有两部分构成，一是共同因素，二是唯一因素。共同因素一般要比指标数量少，每个指标均有一个唯一因素（吴明隆，2010）。其分析过程主要由五个步骤构成：一是计算变量间相关矩阵或共变量矩阵，以判断一个变量与其他变量之间的相关性。二是估计因素负荷量，这是决定共同因子抽取的方法，主要有主成分分析法、主轴因素法和极大似然法。主成分分析法是以线性方程式将所有变量加以组合，计算所有变量共同解释的变异量；主轴因素法是分析变量间的共同变异量而非全体变异量；极大似然法的共同因子数目须先行估计决定，主要适用于验证性因子分析。三是决定转轴方法，转轴能够使因子负荷量易于解释，转轴以后变量在每个共同因子上的负荷量不是变大就是变小，易于对变量进行归类。四是决定因子与命名，新因子提炼方法选择 Kaiser 特征值大于 1，并对每个新提取的因子进行命名。五是因子表达式，根据"成分得分系数矩阵"生成共同因子与指标（题项）之间的关系表达式。

7.2　实证分析

7.2.1　主成分分析

本章借鉴创业政策文件中的政策类型和具体举措，同时以 CSSCI 来源期刊为文献检索来源，将与创业政策绩效的因素分析研究主题密切相关的文献作为基础。在综合分析朱红根等（2011）、赵莉晓（2014）、胡俊波（2014）、侯俊华和丁志成（2016）的研究成果基础上，结合对陕西省返乡创业者的实地调研，从政策宣传、政策执行、政策效果三个方面选取 15 个因素（政策知晓度、获取政策信息便利度、创业培训、降低创业门槛、建设创业园区、绿色通道、公共服务、项目支持、信息咨询、税费减免、信贷扶持、用地优惠、政府机构工作效率、创业氛围、对周边群众带动效应）展开研究。

本章采用李克特（Likert）五级量表对调查问卷中的 15 个影响因素进行评价等级测量，将返乡创业者对各影响因素评价按 1～5 分等级量表分类。运用 SPSS22.0 对 15 个影响因素进行主成分分析，Cronbach's α 系数值为 0.947，KMO 检验值为 0.946，Bartlett 球形检验的卡方统计值等于 2645.933，且 $P = 0.000 < 0.01$，说明 15 个因素测验结果的一致性、稳定性、可靠性较高。按照 Kaiser 特征值大于 1 提取新因子，旋转方法为最大方差法，得到 2 个新因子可以解释原数据变量 65.875% 的变异量（见表 7-1）。为将所有题项都反映到构念里，对原有数据变量进行最大方差法旋转，得到表 7-2 中的旋转成分矩阵，按照因子载荷大于 0.5 的标准，经过主成分分析后，15 个影响因素归类为 2 个新因子，记做 F_1、F_2。根据构念内涵，将新因子 F_1 命名为"政策执行"，将新因子 F_2 命名为"政策宣传与效果"。

表 7-1　　　　　　　　　　　　解释的总方差

成分	初始特征值			提取平方和载入			旋转平方和载入		
	合计	方差的（%）	累积（%）	合计	方差的（%）	累积（%）	合计	方差的（%）	累积（%）
1	8.679	57.862	57.862	8.679	57.862	57.862	6.625	44.163	44.163
2	1.202	8.013	65.875	1.202	8.013	65.875	3.257	21.712	65.875
3	0.825	5.500	71.375						
4	0.720	4.800	76.175						
5	0.641	4.273	80.448						
6	0.519	3.459	83.907						

续表

成分	初始特征值			提取平方和载入			旋转平方和载入		
	合计	方差的（%）	累积（%）	合计	方差的（%）	累积（%）	合计	方差的（%）	累积（%）
7	0.423	2.818	86.726						
8	0.405	2.702	89.428						
9	0.347	2.311	91.739						
10	0.297	1.980	93.718						
11	0.262	1.745	95.464						
12	0.206	1.371	96.835						
13	0.185	1.235	98.070						
14	0.163	1.086	99.156						
15	0.127	0.844	100.000						

提取方法：主成分分析法。

资料来源：笔者整理。

表 7-2　　　　　　　　　　　旋转成分矩阵

变量名称（符号）	成分	
	1	2
公共服务（X_7）	0.839	0.353
绿色通道（X_6）	0.814	0.236
降低创业门槛（X_4）	0.814	0.239
建设创业园区（X_5）	0.808	0.256
项目支持（X_8）	0.799	0.410
信息咨询（X_9）	0.779	0.396
用地优惠（X_{12}）	0.751	0.364
信贷扶持（X_{11}）	0.747	0.308
税费减免（X_{10}）	0.704	0.140
创业培训（X_3）	0.697	0.301
政府机构工作效率（X_{13}）	0.579	0.497

变量名称（符号）	成分	
	1	2
获取政策信息便利度（X_2）	0.278	0.767
创业氛围（X_{14}）	0.226	0.726
对周边群众带动效应（X_{15}）	0.192	0.710
政策知晓度（X_1）	0.305	0.652

提取方法：主成分分析法。旋转法：具有 Kaiser 标准化的正交旋转法；旋转在 3 次迭代后收敛。

资料来源：笔者整理。

根据表7－3成分得分系数矩阵，可得到2个新因子的线性表达式，如式（7－3）、式（7－4）所示。同时，把各变量的因子得分系数乘以对应方差贡献率后求和，再除以累计方差贡献率，可得到每个因素的因子总得分系数，并根据因子总得分系数得到综合评价方程，如式（7－5）所示。从因子总得分可知，影响创业政策绩效的因素优先序是：公共服务、降低创业门槛、绿色通道、建设创业园区、项目支持、信息咨询、信贷扶持、用地优惠、税费减免、创业培训、政府机构工作效率、政策知晓度、获取政策信息便利度、创业氛围、对周边群众带动效应。因此，本章将各个影响因素的因子总得分作为其关注度指标值。

表7－3　　　　　　　　　　成分得分系数矩阵

变量名称（符号）	成分		总得分	排名
	1	2		
政策知晓度（X_1）	－0.113	0.316	0.028	12
获取政策信息便利度（X_2）	－0.159	0.398	0.025	13
创业培训（X_3）	0.121	－0.032	0.071	10

续表

变量名称（符号）	成分		总得分	排名
	1	2		
降低创业门槛（X_4）	0.177	−0.108	0.083	2
建设创业园区（X_5）	0.170	−0.096	0.082	4
绿色通道（X_6）	0.178	−0.110	0.083	3
公共服务（X_7）	0.149	−0.045	0.085	1
项目支持（X_8）	0.118	0.005	0.081	5
信息咨询（X_9）	0.116	0.002	0.078	6
税费减免（X_{10}）	0.175	−0.137	0.072	9
信贷扶持（X_{11}）	0.135	−0.044	0.076	7
用地优惠（X_{12}）	0.118	−0.009	0.076	8
政府机构工作效率（X_{13}）	0.022	0.130	0.058	11
创业氛围（X_{14}）	−0.162	0.388	0.019	14
对周边群众带动效应（X_{15}）	−0.167	0.390	0.017	15

提取方法：主成分分析法。旋转法：具有 Kaiser 标准化的正交旋转法。

资料来源：笔者整理。

$$F_1 = -0.113 \times X_1 - 0.159 \times X_2 + 0.121 \times X_3 + \cdots$$
$$- 0.162 \times X_{14} - 0.167 \times X_{15} \qquad (7-3)$$

$$F_2 = 0.316 \times X_1 + 0.398 \times X_2 - 0.032 \times X_3 + \cdots$$
$$+ 0.388 \times X_{14} + 0.390 \times X_{15} \qquad (7-4)$$

$$F = 0.028 \times X_1 + 0.025 \times X_2 + 0.071 \times X_3 + \cdots$$
$$+ 0.019 \times X_{14} + 0.017 \times X_{15} \qquad (7-5)$$

7.2.2 创业政策满意度测量

返乡创业者对政策满意度的评价来自于享受政策支持后的直接感受，既可以表明创业者享受和利用相关扶持政策的具体情况，也可以反映创业政策在受众群体中发挥的实际效果及存在的问题，从而为政策优化提供参考。根据式（7-6）计算各影响因素的评价分值，并将各个因素的评价分值作为其满意度指标值。

$$S_i = \sum_{j=1}^{k} m_j p_{ij} (i = 1, 2, 3, \cdots, n; j = 1, 2, 3, \cdots, k)$$

$$(7-6)$$

式（7-6）中，S_i 表示第 i 个因素的评价分值，m_j 表示第 j 个评价等级的量表分值，p_{ij} 表示第 i 个因素在第 j 个评价等级上的样本数量占总样本数量比例。15 个影响因素评价分值，如表7-4所示。

表 7-4　　　　　　　　　各影响因素的评价分值

变量名称（符号）	评价分值
政策知晓度（X_1）	2.732
获取政策信息便利度（X_2）	2.788
创业培训（X_3）	3.360
降低创业门槛（X_4）	3.316
建设创业园区（X_5）	3.121
绿色通道（X_6）	3.225
公共服务（X_7）	3.320
项目支持（X_8）	3.087
信息咨询（X_9）	3.247
税费减免（X_{10}）	3.580
信贷扶持（X_{11}）	3.187
用地优惠（X_{12}）	3.000
政府机构工作效率（X_{13}）	3.325
创业氛围（X_{14}）	2.995
对周边群众带动效应（X_{15}）	2.398

资料来源：笔者整理。

7.2.3 四分图模型分析

四分图模型又称重要因素推导模型，是一种定量和定性相结合的诊断模型（夏敏等，2013）。本章 15 个影响因素的满意度和关注度两个属性，其指标值分别由各因素评价分值和因子总得分表示。图 7 - 1 中两条相互垂直的参考线将坐标分为四个象限，每个象限代表不同满意度和关注度组合，交点是各影响因素评价分值的均值和因子总得分均值组成，坐标点位为（3.112，0.062），再根据各因素两个属性的指标值，将 15 个影响因素的坐标点位标注于四分象限图中（见图 7 - 1）。

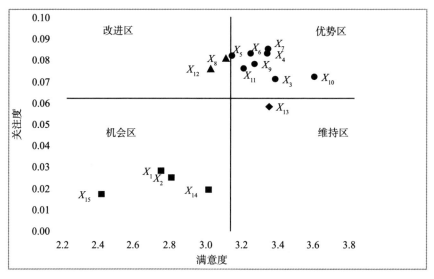

图 7 - 1 创业政策满意度和关注度四分象限

资料来源：笔者绘制。

第一象限：优势区。落在这一区域的影响因素是创业培训（X_3）、降低创业门槛（X_4）、建设创业园区（X_5）、绿色通道（X_6）、公共服务（X_7）、信息咨询（X_9）、税费减免（X_{10}）、信贷扶持（X_{11}），代表创业者对这些政策的高关注度和高满意度，这些政策对创业者是重要的关键性因素，政府需要重点强化这些政策的优势，以进一步提高政策实施成效和政策满意度。第二象限：改进区。落在这一区域的影响因素是项目支持（X_8）、用地优惠（X_{12}），代表创业者对这些政策的高关注度和低满意度，这些政策对创业者也是重要的关键性因素，但由于满意度较低，说明政策在执行过程中还存在有待完善之处，政府需要重点改进。第三象限：机会区。落在这一区域的影响因素是政策知晓度（X_1）、获取政策信息便利度（X_2）、创业氛围（X_{14}）、对周边群众带动效应（X_{15}），代表创业者对这些因素的低关注度和低满意度。创业政策实施的前提是创业者能够了解、熟悉并掌握政策内涵，而且周边创业氛围越浓厚，越能吸引更多外出人员返乡创业。从调查结果看，不知道或听说过但不了解创业政策的创业者占36.4%，了解一些的创业者占46.8%，了解大部分或很熟悉的创业者仅占16.9%，说明政策宣传不到位。从创业氛围看，认为周边创业氛围很好的创业者仅占4.3%。因此，政府需要对这些因素予以重点关注，从中挖掘提升政策绩效的机会点。第四象限：维持区。落在这一区域的影响因素是政府机构工作效率（X_{13}），代表创业者对这个因素的低关注度和高满意度，属于次要优势，政府可继续保持这一优势，进一步加强提升，使之向第一象限变化。

7.3　结论与启示

通过以上测量与分析研究得到如下结论：（1）创业培训、降低创业门槛、建设创业园区、绿色通道、公共服务、信息咨询、税费减免、信贷扶持对创业者是重要的关键性因素，政府需要重点强化这些政策的优势，以进一步提高政策实施成效和创业者对政策的满意度。

（2）项目支持、用地优惠对创业者也是重要的关键性因素，但由于满意度较低，政府需要在这两方面重点改进。（3）从调查结果看，政府需要对创业政策宣传和创业氛围营造重点关注，从中挖掘提升政策绩效的机会点。（4）在政府机构工作效率方面，政府可继续保持其优势，但需要加强提升，使之向优势区变化。

7.4 本章小结

本章基于 231 位返乡创业者的调查数据，运用满意度测评法和主成分分析法测量影响创业政策绩效的各主要因素的满意度和关注度，并结合四分象限图，对各影响因素进行区间定位，主要分为三个部分：一是从理论层面介绍了因子分析法的基本原理和分析过程。二是在借鉴以往学者研究成果的基础上，结合政府出台的创业支持政策措施及调研结果，从政策宣传、政策执行、政策效果三个方面选取 15 个影响因素进行分析。三是运用主成分分析法、满意度测评法，对 15 个影响创业政策绩效的因素进行实证分析，并结合四分象限图，找出每个影响因素的定位区间，根据定位区间提出政策改进方向和重点。

第8章 创业政策绩效评价实证研究

8.1 研究方法

模糊综合评价法是一种基于模糊数学原理的综合评标方法。该方法是根据模糊数学的隶属度原则,应用模糊关系合成原理,将一些边界不清、不易定量的因素定量化处理,从多个因素对被评价对象隶属等级状况作出综合评判。模糊综合评价法最大的特点在于它能够将难以量化的问题或非确定性问题通过定量化处理,使评价结果更加清晰,更加具有系统性(牟小刚,2017)。

8.1.1 确定评价指标论域(U)

根据被评价对象的各种影响因素,从多维度构建评价指标,这些指标所构成的集合称之为评价指标论域。设定评价指标论域为 U,且有 n 个评价指标,则 U 可表示为:

$$U = \{u_1, u_2, u_3, \cdots, u_n\} \tag{8-1}$$

评价指标论域满足:(1)$u_i \neq \varphi (i=1, 2, 3, \cdots, n)$,(2)当 $i \neq j$ 时,$u_i \cup u_j = \varphi$,(3)$U = \bigcup\limits_{i=1}^{n} u_i$。

8.1.2 确定评价集（V）

评价集是所有评价等级的集合，每一个评价等级对应一个模糊子集，设定评价集为 V，且有 m 个评价等级，则 V 可表示为：

$$V = \{v_1, v_2, v_3, \cdots, v_m\} \qquad (8-2)$$

8.1.3 确定评价指标的权重（W）

权重反映了各个评价指标对被评价对象的影响程度，即各个评价指标在指标体系中的重要程度，其构成的集合称为权矢量，则 W 可表示为：

$$W = \{w_1, w_2, w_3, \cdots, w_n\} \qquad (8-3)$$

$W = \{w_1, w_2, w_3, \cdots, w_n\}$ 为权重分配模糊矢量，其中 w_i 表示第 i 个指标的权重，满足：（1）$w_i \in (0, 1)$，（2）$\sum_{i=1}^{n} w_i = 1$。

确定权重的方法主要有三种。

8.1.3.1 层次分析法确定权重

层次分析法（analytic hierarchy process，AHP）是美国运筹学家、匹兹堡大学教授萨蒂（T. L. Saaty）于 20 世纪 70 年代针对复杂问题决策而提出的一种定性与定量相结合的分析方法。该方法的核心在于根据所研究的问题，将系统分为三个层次：目标层（G）、准则层（C）、方案层（P），通过构造判断矩阵和两两比较的方法确定决策方案的重要性，即决策方案对于目标层（G）的重要程度系数（权重）。

通过 AHP 确定权重时，关键在于所构造的判断矩阵是否具有完全一致性。设定判断矩阵为 A，$W = (w_1, w_2, w_3, \cdots, w_n)^T$ 为判断矩阵的特征向量，n 为判断矩阵的特征根，$\lambda_{\max}$ 为判断矩阵的最大特征根，则有 $AW = nW$。当 $\lambda_{\max} = n$ 时，一致性指标 $CI = (\lambda_{\max} - n)/(n-1) = 0$，此时判断矩阵 A 具有完全一致性，特征向量 $W = (w_1, w_2, w_3, \cdots, w_n)^T$ 可作为权向量。当 $\lambda_{\max} \neq n$ 时，判断矩阵 A 不具有完全一致性，此时可引入平均随机一致性指标（RI）[①] 来计算一致性比例（CR），当 $CR = CI/RI < 0.1$ 时，判断矩阵可接受，$W = (w_1, w_2, w_3, \cdots, w_n)^T$ 可作为权向量。

8.1.3.2　德尔菲法（Delphi Method）确定权重（专家调查法）

德尔菲法就是利用专家调查法来确定各评价指标 u_i 在评判和决策中的重要程度系数。

首先，利用李克特量值表，通过对专家进行调查，从而确定各评价指标 u_i 的重要性序列值（e_i），$e_i \in \{1, 2, 3, \cdots, p\}$。当影响程度最重要时，$e_i = p$；当影响程度最次要时，$e_i = 1$。将第 k 个专家对评价指标 u_i 作出的重要性序列值记为 $e_i(k)$。

其次，计算第 i 个指标重要性序列值的平均值（E_i），其中，S 表示专家数量。

$$E_i = \frac{\sum_{k=1}^{S} e_i(k)}{S} \tag{8-4}$$

最后，计算第 i 个指标权重系数（w_i）。

$$w_i = \frac{E_i}{\sum_{i=1}^{n} E_i} \tag{8-5}$$

---

① 对于随机一致性指标 RI，当 $n = 1 \sim 11$ 时，RI 取值分别为 0、0、0.58、0.90、1.12、1.24、1.32、1.41、1.45、1.49、1.51。

8.1.3.3 熵值法确定权重

在信息论中，熵是对不确定性的一种度量。某项指标的指标值变异程度越大，信息熵越小，该指标提供的信息量越大，其权重也越大；反之，某项指标的指标值变异程度越小，信息熵越大，该指标提供的信息量越小，其权重也越小（郭显光，1998）。熵值法确定权重是通过判断某个指标的离散程度来确定重要程度，离散程度越大，该指标对综合评价的影响越大。因此，可以根据指标的离散程度，用信息熵来确定指标权重。

设有 $j(j=1, 2, 3, \cdots, a)$ 个样本，$i(i=1, 2, 3, \cdots, b)$ 项指标，X_{ji} 表示第 j 个样本第 i 项评价指标的数值。用熵值法确定指标权重，其步骤如下：

第一，利用式（8-6），计算第 j 个样本第 i 项指标值的比重（P_{ji}）：

$$P_{ji} = \frac{X_{ji}}{\sum_{j=1}^{a} X_{ji}} \tag{8-6}$$

第二，利用式（8-7），计算第 i 项指标的信息熵（E_i）：

$$E_i = -k \sum_{j=1}^{a} (P_{ji} \times \ln P_{ji}) \tag{8-7}$$

式（8-7）中，k 为常数，$k = 1/\ln(a)$。

第三，利用式（8-8），计算第 i 项指标的差异性系数（d_i）：

$$d_i = 1 - E_i \tag{8-8}$$

第四，利用式（8-9），计算第 i 项指标的权重（w_i）：

$$w_i = \frac{d_i}{\sum_{i=1}^{b} d_i} \tag{8-9}$$

8.1.4 确定评价指标隶属度

隶属度是指评价主体在第 i 个评价指标下作出第 j 个评价等级的可

能性程度。设 $R_{ij}(i=1,2,3,\cdots,n;j=1,2,3,\cdots,m)$ 是在第 i 个评价指标下作出第 j 个评价等级的票数，则第 i 个评价指标下第 j 个评价等级的隶属度如式（8-10）所示。

$$r_{ij} = \frac{R_{ij}}{\sum\limits_{j=1}^{m} R_{ij}} \qquad (8-10)$$

8.1.5　一级模糊综合评价

单独从一个指标出发进行评价，逐个对评价对象从每个指标 u_i 上进行量化，从而确定模糊关系矩阵，如式（8-11）所示。

$$R = \begin{pmatrix} r_{11} & r_{12} & \cdots & r_{1m} \\ r_{21} & r_{22} & \cdots & r_{2m} \\ \cdots & \cdots & \cdots & \cdots \\ r_{n1} & r_{n2} & \cdots & r_{nm} \end{pmatrix} \qquad (8-11)$$

其中，r_{ij} 表示第 i 个评价指标下第 j 个评价等级的隶属度。

根据模糊综合评价模型：

$$B_i = W_i \times R_i \qquad (8-12)$$

可得到二级指标一级模糊评价向量（B_i）。

8.1.6　二级模糊综合评价

在完成一级模糊综合评价的基础上，还需进行一级指标二级模糊综合评价，以获得对评价对象的综合评价。

$$B = W \circ R = (w_1,w_2,\cdots,w_n) \circ \begin{pmatrix} B_1 \\ B_2 \\ \cdots \\ B_i \end{pmatrix} = (b_1,b_2,\cdots,b_m)$$

$$(8-13)$$

式（8-13）中，"。"表示模糊合成算子，模糊合成算子有四种：$M(\wedge,\vee)$，$M(\bullet,\vee)$，$M(\wedge,\oplus)$，$M(\bullet,\oplus)$。

完成二级模糊综合评价后，对综合评价结果模糊矢量（b_1，b_2，…，b_m）进行归一化处理：

$$\beta = \frac{b_i}{\sum\limits_{i=1}^{m} b_i} \qquad\qquad (8-14)$$

再根据最大隶属度原则，作出评价对象的评价等级。

8.2 评价指标体系构建

通过梳理党中央、国务院、陕西省政府发布的创业政策文件，深入分析文件中的政策类型、具体举措，主要涉及降低创业门槛、简化工商手续、加大财税金融支持、强化创业培训、做好示范引导等方面。国内学者也通过构建综合性指标体系，对我国创业政策绩效进行综合评价。唐海仕和姜国俊（2012）从创业教育、创业促进、减少障碍、启动支持、启动融资、目标群体政策六个方面构建大学生创业环境评价指标体系。卿涛和古银华（2014）从创业者成长阶段、创业政策领域、创业政策层次三个方面构建创业政策评估体系。肖潇和汪涛（2015）从创业文化政策、创业教育政策、减少障碍政策、资金扶持政策、商务支持政策五大类创业政策展开研究，构建创业政策评价体系。薛浩和陈桂香（2016）构建了一个包括创业总体竞争力、创业效益、创业服务3个一级指标，创业规模、创业质量、经济效益、社会效益、优惠政策、创业服务6个二级指标，创业成功率、企业发展率等32个三级指标在内的大学生创业政策评价标准。侯俊华（2017）构建了一个包括政策落实力度、政策实施成效、政策反映回馈3个准则层指标，政策知晓度、创业规模、创业培训等22个指标层在内的农民工创业政策评价指标体系。包云娜（2020）基于政策制定、政策执行和政策效果三个方面，以四级树状式结构形式，建构了创新创业政策评估指标体系，包括 3 个一级指标、7 个二级指标、33 个三级指标、94 个四级指标。

从以上学者关于创业政策评估指标体系的研究成果看，当前学者对创业政策绩效评估研究多集中于创业政策制定、执行环节，未将政策执行环节中的政府机构工作效率考虑进去，而政府机构工作效率的提升有助于实现政府和创业者之间的良性互动，降低政策的执行成本，提高政策的实施效果。鉴于此，本章在借鉴以往学者研究成果的基础上，结合创业政策文件中的政策类型及调研结果，从政策宣传、政策执行、政策效果、政策反馈、工作服务五个方面构建陕西省创业政策绩效评价指标体系（见表 8-1），为完善创业政策绩效评估指标设计提供新思路。

表 8-1　　　　　　　　　创业政策绩效评价指标体系

目标层	一级指标	二级指标
陕西省创业政策绩效评价指标体系（A）	政策宣传（B_1）	政策知晓度（C_1）
		获取政策信息便利度（C_2）
	政策执行（B_2）	政策利用度（C_3）
		利用难易度（C_4）
	政策效果（B_3）	创业经营效益（C_5）
		创业带动就业（C_6）
		创业意愿（C_7）
		创业氛围（C_8）
		对周边群众带动效应（C_9）
	政策反馈（B_4）	创业培训（C_{10}）
		降低创业门槛（C_{11}）
		建设创业园区（C_{12}）
		绿色通道（C_{13}）

续表

目标层	一级指标	二级指标
陕西省创业政策绩效评价指标体系（A）	政策反馈（B_4）	公共服务（C_{14}）
		项目支持（C_{15}）
		信息咨询（C_{16}）
		税费减免（C_{17}）
		信贷扶持（C_{18}）
		用地优惠（C_{19}）
	工作服务（B_5）	工作人员服务态度（C_{20}）
		政府机构工作效率（C_{21}）

资料来源：笔者整理。

根据表 8 - 1，A = ｛政策宣传 B_1，政策执行 B_2，政策效果 B_3，政策执行 B_4，工作服务 B_5｝共五个方面构成。政策宣传主要反映了政策制定后是否及时将政策信息和具体措施有效传递给创业主体。其中，政策知晓度反映了返乡创业者对政策的了解程度，获取政策信息便利度反映了返乡创业者通过现有途径获取政策信息是否便利。政策执行主要反映了政策制定后是否及时将政策措施落地落实。其中，政策利用度反映了返乡创业者是否享受过政策支持、享受了多少；政策利用难易度反映了创业政策在执行过程中，创业者获得政策支持的难度如何，政策门槛设置是否合理。政策效果主要反映了政策实施以后，给返乡创业者带来多大程度的支持。其中，创业经营效益反映了创业项目经营情况，创业带动就业反映了创业项目用人规模，创业意愿反映了创业政策对返乡人员创业动机的影响，创业氛围反映了创业政策实施后是否能够营造良好的创业创新文化氛围，对周边群众带动效应反映了创业行为对当地经济社会的综合效应。政策反馈主要反映了创业政策实施后，创业者对创业环境、创业服务、创业培训、财税金融支持等具体扶持政策感受程度。同时，也反映了政府制定的政策是否与当地创业者实际相吻合，是否达到了创业者的心理预期。工作服务主要反映了和创业相关的政府部门工作效率及工作质量。

8.3　创业政策绩效评价

8.3.1　确定指标权重

在综合评价中，指标权重的确定是关键一步，它直接涉及最终评价结果的客观性。确定权重的方法主要有主观确权法和客观确权法。主观确权法是根据评价者主观上对各个指标的重视程度来确定权重，如前面所述德尔菲法（专家调查法）。客观确权法是根据各个指标的联系程度，以及指标所反映的原始信息来确定权重，如前面所述的层次分析法、熵值法。本章研究基于表 8 - 1 中的 21 个二级指标在问卷调查中所反映的原始信息，运用熵值法确定指标权重，利用式（8 - 6）~式（8 - 9）确定各指标权重系数（见表 8 - 2）。

表 8 - 2　　　　　　　　　　创业政策绩效评价指标权重

一级指标	权重	二级指标	权重
政策宣传（B_1）	0.097	政策知晓度（C_1）	0.046
		获取政策信息便利度（C_2）	0.051
政策执行（B_2）	0.122	政策利用度（C_3）	0.066
		利用难易度（C_4）	0.056
政策效果（B_3）	0.249	创业经营效益（C_5）	0.029
		创业带动就业（C_6）	0.105
		创业意愿（C_7）	0.042
		创业氛围（C_8）	0.036
		对周边群众带动效应（C_9）	0.036

一级指标	权重	二级指标	权重
政策反馈（B_4）	0.452	创业培训（C_{10}）	0.041
		降低创业门槛（C_{11}）	0.039
		建设创业园区（C_{12}）	0.051
		绿色通道（C_{13}）	0.047
		公共服务（C_{14}）	0.037
		项目支持（C_{15}）	0.050
		信息咨询（C_{16}）	0.042
		税费减免（C_{17}）	0.036
		信贷扶持（C_{18}）	0.047
		用地优惠（C_{19}）	0.062
工作服务（B_5）	0.079	工作人员服务态度（C_{20}）	0.040
		政府机构工作效率（C_{21}）	0.039

资料来源：笔者整理。

8.3.2 确定评价集和评价隶属度

本章利用李克特五级量表对上述 21 个二级指标进行问卷调查，确定评价集为 $V = \{$差，较差，中等，良好，优$\}$ 共五个等级。利用式（8-10）计算各指标的评价隶属度（见表 8-3）。

表 8-3 　　　　　 创业政策绩效评价指标隶属度

一级指标	二级指标	隶属度				
		差	较差	中等	良好	优
政策宣传（B_1）	政策知晓度（C_1）	0.12	0.25	0.47	0.13	0.04
	获取政策信息便利度（C_2）	0.13	0.24	0.39	0.19	0.04
政策执行（B_2）	政策利用度（C_3）	0.12	0.28	0.28	0.13	0.19
	利用难易度（C_4）	0.21	0.28	0.42	0.08	0.01

一级指标	二级指标	隶属度				
		差	较差	中等	良好	优
政策效果（B₃）	创业经营效益（C₅）	0.07	0.09	0.61	0.19	0.03
	创业带动就业（C₆）	0.62	0.23	0.09	0.03	0.03
	创业意愿（C₇）	0.09	0.16	0.41	0.28	0.07
	创业氛围（C₈）	0.09	0.11	0.56	0.20	0.04
	对周边群众带动效应（C₉）	0.08	0.09	0.47	0.28	0.08
政策反馈（B₄）	创业培训（C₁₀）	0.08	0.08	0.42	0.25	0.17
	降低创业门槛（C₁₁）	0.07	0.10	0.42	0.26	0.15
	建设创业园区（C₁₂）	0.11	0.13	0.44	0.17	0.15
	绿色通道（C₁₃）	0.10	0.12	0.40	0.24	0.15
	公共服务（C₁₄）	0.06	0.09	0.45	0.24	0.15
	项目支持（C₁₅）	0.10	0.16	0.42	0.19	0.13
	信息咨询（C₁₆）	0.07	0.13	0.42	0.23	0.15
	税费减免（C₁₇）	0.05	0.09	0.34	0.28	0.24
	信贷扶持（C₁₈）	0.10	0.13	0.41	0.22	0.14
	用地优惠（C₁₉）	0.15	0.16	0.38	0.17	0.14
工作服务（B₅）	工作人员服务态度（C₂₀）	0.08	0.10	0.35	0.33	0.14
	政府机构工作效率（C₂₁）	0.06	0.13	0.36	0.31	0.13

资料来源：笔者整理。

8.3.3 二级指标一级模糊综合评价

根据表 8-3，可得到二级指标一级模糊综合评价关系矩阵。设定"政策宣传"模糊关系矩阵为 R_1，"政策执行"模糊关系矩阵为 R_2，"政策效果"模糊关系矩阵为 R_3，"政策反馈"模糊关系矩阵为 R_4，"工作服务"模糊关系矩阵为 R_5。

$$R_1 = \begin{pmatrix} 0.12 & 0.25 & 0.47 & 0.13 & 0.04 \\ 0.13 & 0.24 & 0.39 & 0.19 & 0.04 \end{pmatrix}$$

$$R_2 = \begin{pmatrix} 0.12 & 0.28 & 0.28 & 0.13 & 0.19 \\ 0.21 & 0.28 & 0.42 & 0.08 & 0.01 \end{pmatrix}$$

$$R_3 = \begin{pmatrix} 0.07 & 0.09 & 0.61 & 0.19 & 0.03 \\ 0.62 & 0.23 & 0.09 & 0.03 & 0.03 \\ 0.09 & 0.16 & 0.41 & 0.28 & 0.07 \\ 0.09 & 0.11 & 0.56 & 0.20 & 0.04 \\ 0.08 & 0.09 & 0.47 & 0.28 & 0.08 \end{pmatrix}$$

$$R_4 = \begin{pmatrix} 0.08 & 0.08 & 0.42 & 0.25 & 0.17 \\ 0.07 & 0.10 & 0.42 & 0.26 & 0.15 \\ 0.11 & 0.13 & 0.44 & 0.17 & 0.15 \\ 0.10 & 0.12 & 0.40 & 0.24 & 0.15 \\ 0.06 & 0.09 & 0.45 & 0.24 & 0.15 \\ 0.10 & 0.16 & 0.42 & 0.19 & 0.13 \\ 0.07 & 0.13 & 0.42 & 0.23 & 0.15 \\ 0.05 & 0.09 & 0.34 & 0.28 & 0.24 \\ 0.10 & 0.13 & 0.41 & 0.22 & 0.14 \\ 0.15 & 0.16 & 0.38 & 0.17 & 0.14 \end{pmatrix}$$

$$R_5 = \begin{pmatrix} 0.08 & 0.10 & 0.35 & 0.33 & 0.14 \\ 0.06 & 0.13 & 0.36 & 0.31 & 0.13 \end{pmatrix}$$

根据表 8 - 2，可得到二级指标一级模糊综合评价权向量，设定"政策宣传"权向量为 W_1，"政策执行"权向量为 W_2，"政策效果"权向量为 W_3，"政策反馈"权向量为 W_4，"工作服务"权向量为 W_5。

$W_1 = (0.046 \quad 0.051)$

$W_2 = (0.066 \quad 0.056)$

$W_3 = (0.029 \quad 0.105 \quad 0.042 \quad 0.036 \quad 0.036)$

$W_4 = (0.041 \quad 0.039 \quad 0.051 \quad 0.047 \quad 0.037 \quad 0.050 \quad 0.042$
$0.036 \quad 0.047 \quad 0.062)$

$W_5 = (0.040 \quad 0.039)$

利用式（8-12），可得到二级指标一级模糊评价向量：

$B_1 = W_1 \times R_1 = (0.0122 \quad 0.0237 \quad 0.0415 \quad 0.0157 \quad 0.0039)$

$B_2 = W_2 \times R_2 = (0.0197 \quad 0.0342 \quad 0.0420 \quad 0.0131 \quad 0.0131)$

$B_3 = W_3 \times R_3 = (0.0770 \quad 0.0407 \quad 0.0814 \quad 0.0377 \quad 0.0113)$

$B_4 = W_4 \times R_4 = (0.0423 \quad 0.0555 \quad 0.1852 \quad 0.0993 \quad 0.0698)$

$B_5 = W_5 \times R_5 = (0.0055 \quad 0.0091 \quad 0.0280 \quad 0.0253 \quad 0.0107)$

利用式（8-14）进行归一化处理后的二级指标一级模糊评价向量是：

$B_1' = (0.1258 \quad 0.2443 \quad 0.4278 \quad 0.1619 \quad 0.0402)$

$B_2' = (0.1613 \quad 0.2801 \quad 0.3440 \quad 0.1073 \quad 0.1073)$

$B_3' = (0.3104 \quad 0.1640 \quad 0.3281 \quad 0.1520 \quad 0.0455)$

$B_4' = (0.0936 \quad 0.1228 \quad 0.4096 \quad 0.2196 \quad 0.1544)$

$B_5' = (0.0700 \quad 0.1158 \quad 0.3562 \quad 0.3219 \quad 0.1361)$

根据隶属度最大原则，从二级指标一级模糊综合评价向量可以得出，陕西省返乡创业政策宣传、政策执行、政策效果、政策反馈、工作服务五个方面评价处于"中等"水平。在政策执行方面，"较差"的隶属度较高，表明在创业政策执行方面还有很大改善空间。同时，也说明要使创业政策真正发挥作用，关键在于不折不扣地将政策措施落地落实。在政策效果方面，"差"的隶属度与"中等"的隶属度较为接近，表明当前陕西省返乡创业者的整体经营效益水平不高。

8.3.4　一级指标二级模糊综合评价

从二级指标一级模糊综合评价向量可以得到一级指标二级模糊综合评价关系矩阵：

$$R = \begin{pmatrix} B_1 \\ B_2 \\ B_3 \\ B_4 \\ B_5 \end{pmatrix} = \begin{pmatrix} 0.0122 & 0.0237 & 0.0415 & 0.0157 & 0.0039 \\ 0.0197 & 0.0342 & 0.0420 & 0.0131 & 0.0131 \\ 0.0770 & 0.0407 & 0.0814 & 0.0377 & 0.0113 \\ 0.0423 & 0.0555 & 0.1852 & 0.0993 & 0.0698 \\ 0.0055 & 0.0091 & 0.0280 & 0.0253 & 0.0107 \end{pmatrix}$$

从表 8 - 2 可得到一级指标权向量：

$W = (0.097 \quad 0.122 \quad 0.249 \quad 0.452 \quad 0.079)$

利用式（8 - 12），可得到一级指标二级模糊评价向量：

$B = W \times R = (0.0423 \quad 0.0424 \quad 0.1153 \quad 0.0594 \quad 0.0372)$，

利用式（8 - 14）进行归一化处理后的模糊综合评价向量是：

$B' = (0.1426 \quad 0.1430 \quad 0.3887 \quad 0.2003 \quad 0.1254)$

根据隶属度最大原则，属于"中等"评价等级的隶属度最大，归一化处理后的值是 0.3887，这说明陕西省创业政策整体绩效评价为"中等"评价等级。

8.3.5　计算评分及结果分析

设定评价集赋值向量为 $E = (20 \quad 40 \quad 60 \quad 80 \quad 100)$，利用公式 $P_i = B_i' \times E^T$，可分别计算出 5 个一级指标和目标层评分（见表 8 - 4）。

表 8 - 4　　　　　　　创业政策绩效模糊综合评价得分

目标层	得分	一级指标	得分
陕西省创业政策绩效评价	60.5	政策宣传	54.9
		政策执行	54.4
		政策效果	49.2
		政策反馈	64.4
		工作服务	66.8

资料来源：笔者整理。

（1）在政策宣传方面，该项得分为54.9分，这与问卷调查中36.4%的创业者对创业政策不知道或听说过但不了解，46.8%的创业者对创业政策了解一些，仅有少部分创业者相对熟悉创业政策相吻合。这说明，陕西省返乡创业者对创业政策了解程度较低。调研中发现，政府创业政策宣传主要采取文件形式和政府官方网站公布，很多创业者无法获取政府文件，而又没有及时关注网站信息，就会导致不了解甚至不知道政策措施，说明创业政策宣传的"最后一公里"问题没有得到有效解决。

（2）在政策执行方面，该项得分为54.4分，这与问卷调查中在涉及创业者关键环节的信贷扶持、项目支持、用地优惠、创业园区等方面，创业者享受政策优惠比例较低，甚至有15.2%的创业者从未享受过任何政策相吻合。调研中发现，48.9%的受访者认为利用创业政策比较难甚至很难，42.4%的受访者认为利用创业政策难度一般，仅有8.7%的受访者认为利用创业政策比较容易。这说明创业政策的普惠性有待进一步提高，要进一步降低政策门槛，简化创业者利用政策的手续，解决好利用政策过程中面临的问题。

（3）在政策效果方面，该项得分为49.2分，该项得分是最低的，这与问卷调查中大部分创业者属于生存型创业，经营规模较小、实力较弱，难以从外部获得持续发展壮大的各类资源，创业绩效普遍较差相吻合。调研中发现，经营形式为私人企业、个体工商户、家庭农场的创业者占比分别为37.2%、32.5%、18.2%，带动就业的能力较弱。41.1%的创业者从事种植养殖行业，产品同质化现象严重，销售的最终产品多为初级农产品，缺乏深加工，产品附加值较低，对周边群众的带动效应不大。这说明创业政策的针对性需要进一步提高，各地方政府在制定创业扶持政策时一定要与当地返乡创业实际相结合。

（4）在政策反馈方面，该项得分为64.4分，这与问卷调查中在涉及创业者关键环节的信贷扶持、创业园区、项目支持、用地优惠等方面，创业者满意度评价较低相吻合。调研中发现，92.2%的返乡创业者在创业期间遇到资金周转困难，20.8%的创业者从未发生过金融机构借贷行为，19.9%的创业者认为从银行金融机构借贷很困难。同时，土地要素保障也是创业者反映最突出的问题，在所调查的对象中，工业园区或创业园区创业入驻率仅4.8%，多数创业者的创业用地均为自行解决。这说明政府在扶持返乡创业方面，除了做好简化工商手续、加强创业培训、强化示范引导等工作之外，应着重解决好创业者面临的资金、用地两大难题。

（5）在政府机构工作效率和服务态度方面，该项得分为66.8分，这与近年来陕西省持续加大"放管服"改革力度，简化工商手续相吻合。2021年，陕西省全面推进市场准入改革，"先照后证"改革顺利完成，54项涉企备案事项实现"多证合一"整合，531项涉企经营许可事项改革全面实施，20项涉企政务服务事项实现"跨省通办"（徐颖文，2022）。

（6）陕西省创业政策绩效总体评价得分为60.5分，属于"中等"评价等级。这表明，近年来陕西省推出的一系列扶持返乡创业的政策取得了一定成效，创业环境明显改善、创业氛围渐趋浓厚，各地已经出现一批具有示范引领作用的创业典型代表，返乡创业的经济社会效应逐步显现。但在政策宣传、政策执行、政策效果方面需要进一步提高有效性、普惠性、针对性，为返乡创业者营造良好的创业环境。

8.4　结论与启示

通过以上模糊综合评价分析得到如下结论：（1）在政策宣传、政策执行、政策效果、政策反馈、工作服务五个方面的绩效评价评分分别为54.9分、54.4分、49.2分、64.4分、66.8分，这表明政府不仅要做好政策制定，更要抓好政策宣传、政策落实。（2）陕西省创业政策绩效总体评价得分为 60.5 分，属于"中等"评价等级。这表明扶持返乡创业的政策取得了一定成效，但还需做进一步的调整和完善，尤其需要提高创业政策的有效性、普惠性、针对性，加强政策落实的督导检查。

8.5　本章小结

本章基于 231 位返乡创业者的调查数据，运用模糊综合评价法对陕西省创业政策绩效进行综合评估，主要分为三个部分：一是详细介绍了模糊综合评价法的基本原理和步骤，并介绍了三种典型的确定权重方法。二是在借鉴相关学者研究成果的基础上，结合创业政策文件中的政策类型及问卷调查结果，构建了一个包括政策宣传、政策执行、政策效果、政策反馈、工作服务 5 个一级指标和政策知晓度、政策利用度、创业培训等 21 个二级指标在内的陕西省创业政策绩效评价指标体系。三是利用熵值法确定各层级指标权重，并运用模糊综合评价法对陕西省创业政策绩效作出分层评价和总体评价，并根据评分进行结果分析。

第9章 促进陕西省返乡创业发展的政策体系构建

9.1 指导思想

返乡创业已成为巩固拓展脱贫攻坚成果、解决乡村就业、带动农户增收、实现产业振兴、助力县域经济高质量发展的重要着力点。在全面推进乡村振兴进程中，促进陕西省返乡创业高质量发展，必须坚持以习近平新时代中国特色社会主义思想为指导，全面贯彻落实党的十九大和十九届历次全会精神，坚持以人民为中心的发展思想，立足新发展阶段、贯彻新发展理念、构建新发展格局，落实高质量发展要求，深入实施就业优先战略和城乡协调发展战略，坚持创新引领创业、创业带动就业。以乡村产业振兴为主线，把全面推进乡村振兴和返乡创业工作有效结合起来，围绕回乡创业、本地就业做好前期规划。以乡村一二三产业融合发展为导向，引导各类返乡创业主体按照"产加销"一体化方式，延长农业产业链，促进农业与第三产业深度融合。以激发返乡创业活力为目标，优化创业环境、健全创业服务、加强示范引导，让更多外出务工农民工、大学生、退役军人有信心、有意愿回乡创业。以系统完备的政策支持为重点，加大财税支持、创新金融服务、强化人才土地等要素保障，推动现有各类园区整合建设、改造提升，打造功能完善的返乡创业平台，降低返乡创业成本，提升创业成功率。以提升创业能力为核心，分类型、分层次开展有针对性的技能提升培训，让有创业意愿、培训需求的返乡下乡人员都能接受培训，提升其创业能力。以健全组织领导机制为保障，建立健全返乡创业工作协调机制，制定工作方案，明确任务分工，落实部门责任，形成工作合力，确保返乡创业创新政策落地落实，促进返乡创业高质量发展，为实现乡村产业振兴，助力县域经济高质量发展提供有力支撑。

9.2　创业政策体系构建原则

创业政策体系是由规范创业过程中，各阶段创业行为的不同类型政策和同一政策内部不同要素之间相互关联、相互契合，并与社会环境相互作用而形成的有机统一整体（刘军，2015）。创业政策体系构建除了必须坚持上述指导思想之外，还需遵循以下基本原则：一是引导性原则。政府制定创业政策的目的就是通过制度创新、政策扶持来优化营商环境，促进和激发区域创新创业活动。所谓引导性原则就是政府通过制定并落实具体扶持措施，吸引外出人员和调动本地人员创新创业的积极性、主动性，激活微观市场主体活力。二是公平性原则。公平性原则也称为普惠性原则或非歧视性原则，即应对不同行业创业者、不同市场规模创业者、不同发展阶段创业者一视同仁，只要符合政策规定条件，即可享受优惠待遇，这种优惠待遇主要体现为机会权利平等、过程环境平等（顾旭东，2010）。三是连续性原则。各地方政府制定创业扶持政策时既要兼顾当前和长远，又要考虑整体和局部，要保持政策的透明性、稳定性、可持续性，能够让现有创业者和潜在创业者对未来形成明确预期。四是协调性原则。目前我国创业政策体系主要表现为党中央国务院制定宏观性、战略性、指导性重大措施，国务院各部委在各自业务管辖范围内制定政策目标、任务和更加丰富的具体措施，各地方政府及政府组成部门根据上级文件精神，结合当地实际制定更加细化的落实举措。要使创业者对政策有明确预期就必须保证创业政策从上级到下级之间保持连贯性，同一政策在不同部门之间保持协调性。五是针对性原则。由于区域经济发展不平衡，每个地方的市场化水平、产业结构、资源禀赋、基础设施、人文环境等都具有差异性，创业者项目选择和政策需求侧重点必然会有所差异，这就需要在制定政策时充分考虑当地经济发展水平，结合当地创业活动实际情况，制定更有针对性的扶持措施，而且政策体系和具体政策都要适应外部环境，并随着环境的变化而作出相应调整。六是系统性原则。由于创业活动的多领域性和创业过程的阶段性，创业政策的制定必须契合创业企业全生命周期，围绕规范和促进创业活动这一共同目标，使创业政策体系成为一个有序互动和相对稳定的有机整体。在创业活动的种子期，培育创业动机和提高创业者机会识别把握能力是关键，此阶段需大力弘扬创业精神、搭建创业论坛、树立创业典型、营造创业氛围；在创业企业成立期，简化政府行政审批，协助创业者获得必要的资源要素及创建企业是关键，此阶段需降低行政审批门槛、提供项目支持、提供法律咨询服务、建立企业孵化机制、完善技术商业转化机制等；在创业企业发展期，快速进入目标市场、扩大产品生产销售、获取更多资源扩大规模，以及规避市场风险是关键，此阶段需加大各类金融政策支持、建立创业企业管理顾问机制、建立市场风险预警机制等（张钢等，2009）。

9.3 政策建议

9.3.1 优化创业环境

9.3.1.1 完善基础设施

一是加强规划统筹，优化网络布局，推动融合发展。以统筹融合为导向，完善交通基础设施网络、运输装备功能配置和运输服务标准规范体系，统筹考虑多种运输方式协同和新型运输方式探索应用，实现多种运输方式相互协同、深度融合，推进多级次一体化衔接的综合交通枢纽建设。节约集约利用通道线位资源、土地资源、空域资源、水域资源，促进交通通道由单一化向综合化、平面化向立体化发展，减少对空间的分割，提高国土空间利用效率。二是以完善的交通网络为基础，构建"通道＋枢纽＋节点"物流网络体系。依托省内各地市、县（区）的物流园区、临空产业园，建设公铁联运物流中心、公铁航多式联运综合枢纽、农副产品物流中心，促进机场、铁路、公路与物流集聚区、工业园区、返乡创业园区无缝衔接，提升物流枢纽功能。加快县乡村三级城乡消费物流配送网络优化，提高城乡物流配送效率。整合交通、邮政、商贸、供销、快递等资源，优化"县级物流分拨中心、乡镇物流服务站、村级物流服务点"三级物流配送网络。依托电子商务进农村综合示范项目，引导电商企业加快向农村地区下沉渠道和服务，不断拓展电商服务站和快递服务站等设施服务功能，推行"直投到户"和"物流配送＋网点自提"相结合的模式，打通农村物流"最后一公里"。

9.3.1.2　持续深化"放管服"改革

推进"放管服"改革是优化营商环境、激发市场主体活力的关键之举，要紧盯重点环节和重大任务，推进各项改革从"量变"到"质变"。一是牢牢把握改革方向。要紧盯党中央、国务院出台的关于"放管服"改革的新政策、新要求，聚焦政府职能转变、建设高标准市场体系、激发市场主体活力，推动"放管服"改革和返乡创业高质量发展深度融合、高效联动，充分发挥市场在资源配置中的决定性作用，更好地发挥政府作用，实现有为政府与有效市场的相互协同。二是全面推进简政放权。坚持问题导向、目标导向和结果导向相统一，持续深化行政审批制度改革和"证照分离"改革，全面推行市场主体承诺制、"不见面"办事、"集成办理①"等制度，更大力度放出活力、管出水平、服出效率。采取一站式窗口、网上申报、多证联办等措施，为创业者提供便利的工商登记服务。加快推进工商营业执照、组织机构代码证、税务登记证、社会保险登记证、统计登记证"五证合一"，实现"一照一码"，实施个体工商户"两证整合"，逐步实现企业设立、变更、注销等登记业务全程电子化②。三是降低返乡创业门槛。实行"一照多址"，市场主体在住所外设立经营场所或分支机构，其地址与住所在同一县级登记机关管辖区域内不同地址的，向所在地县级工商行政管理部门备案后，可不再办理分支机构登记注册③。允许返乡创业人员凭房产管理部门、街道办事处、居委会、村委会或工业园区管理机构出具的房产使用证明登记注册市场主体住所，并可将同一地址登记两个以上；允许农民以土地承包经营权、林权、生产技术等作价出资设立农民合作社或家庭农（林）场，允许其兼营相应的农（林）场休闲观光服务④。要把返乡创业等同于招商引资，实施同等优惠待遇，按照"非禁即入"原则，只要法律法规和负面清单没有明确禁止或限制的行业，都应该向返乡创业者开放。

9.3.1.3 推进政务服务质效双升

政务服务是营商环境的前沿阵地，也是返乡创业者感官最直接的

---

① 围绕市场主体注册、变更、年报、管理和注销全生命周期"一件事"，通过全流程业务重构、全系统应用集成、全方位数据共享、全领域部门协同，打造一体化服务平台。

② 陕西省人民政府. 关于大力推进大众创业万众创新工作的实施意见 ［EB/OL］. (2016 – 05 – 04) ［2022 – 01 – 30］. http：//www. shaanxi. gov. cn/zfxxgk/zfgb/2016_4016/d8q_4024/201605/t20160504_1639721. html.

③ 陕西省人民政府. 关于进一步做好新形势下就业创业工作的实施意见 ［EB/OL］. (2017 – 01 – 19) ［2022 – 01 – 30］. http：//www. shaanxi. gov. cn/xw/ztzl/zxzt/dzcywzcx/szfxg-wj/201701/t20170119_1577074. html.

④ 陕西省人民政府办公厅. 关于支持农民工等人员返乡创业的实施意见 ［EB/OL］. (2017 – 01 – 19) ［2022 – 01 – 30］. http：//www. shaanxi. gov. cn/xw/ztzl/zxzt/dzcywzcx/szfxg-wj/201701/t20170119_1577069. html.

环节。一是聚焦堵点痛点。坚持目标导向、问题导向、结果导向有机统一，持续深化相对集中行政许可权改革，推动审批服务不断创新，审批行为进一步规范，最大限度降低市场主体制度性成本，不断激发市场主体活力。二是聚焦便民利企。持续优化提升政务服务大厅"一站式"服务功能，做实做优分类综合窗口和业务专区，全面实施政务服务"好差评"制度。按照"政府提供平台、平台集聚资源、资源服务创业"的思路，依托基层就业和社会保障、返乡创业园区（基地）、农村社区等公共服务平台，集聚公共资源和社会其他资源，开展各类创业创新服务专项活动，推进创业创新服务向农村延伸。加快推进政务服务当场办结、一次办结、限时办结等制度，实现集中办理、就近办理、网上办理，加快实现政务服务高效集成，最大限度减环节、压时间、降成本，不断提升政务服务质量和水平，为市场主体提供公平可及、优质高效的服务。对返乡人员申报的产业经营项目计划，15 个工作日内完成合规性审核，需要申请办理产品生产许可证的优先支持①。对于不便到政务大厅办理业务或不懂网上办理业务的服务对象，相关职能部门可采取委托办理或登门办理的方式。三是聚焦市场反馈。深入开展"改革体验官②"活动，邀请企业代表对行政审批、公共服务、市场管理、行政执法等方面工作进行体验监督，建立体验、反馈、整改、督办、提升等闭环工作机制，持续提升政务服务效能，确保各类助力企业成长政策举措落地见效。四是聚焦组织领导。强化政府各部门整体意识、责任意识、服务意识，把返乡创业纳入到经济社会发展全局和稳就业大局中统筹谋划和推进，做好返乡创业工作与招商引资、招才引智、项目建设、乡村振兴等工作有机结

---

① 中共汉中市委办公室，汉中市人民政府办公室.支持返乡创业推动乡村振兴若干措施［EB/OL］.（2021 – 05 – 31）［2022 – 01 – 30］. http：//xzzx. hanzhong. gov. cn/hzxzfwzx/zcfg/202105/e2db17f26d0949aaadc2a5ddd0278d6e. shtml.

② 政务服务改革体验官涵盖代表委员、专家学者、媒体记者、个体经营户等多个行业领域，采取实事披露和意见言说等形式，站在"用户视角"对政务服务改革工作进行体验监督，查找政务工作中的不足之处，提出意见建议，促进政务服务水平再提升。

合，建立健全返乡创业工作机制，制定工作方案，明确任务分工，落实部门责任，营造鼓励创业创新良好氛围。同时，市、县两级政府成立由分管领导任组长的协调小组，定期分析本地创业形势、政策落实、政策反馈，并根据政策反馈中存在的问题，进一步做好工作协同、政策完善。五是聚焦工作考核。将返乡创业工作纳入县（区）乡村振兴工作考核范围，把返乡创业政策宣传、下基层调研天数、吸引返乡创业人数、引入创业投资额度、创业带动就业人数、举办创业培训班次等作为基层政府乡村振兴工作年度考核重要内容，并将上述工作落实情况实行常态化督查，定期督办问效，确保政策实实在在贯彻到基层、宣传到个人，避免"文件在抽屉、政策在科室"，确保政府在引导返乡人员创业方面有实实在在的成效。对返乡创业成效明显的镇（办）、园区（基地）及经营主体，授予"返乡创业先进单位""返乡创业示范基地"或"创业示范企业"；对返乡创业政策落实不到位、工作推进不力的县（区）及部门予以通报，倒逼工作落实①。

9.3.1.4 不断强化信用体系建设

强化政府机构带头讲诚信、守契约，提升政府公信力。一是加强制度体系顶层设计。按照党中央、国务院社会信用体系建设的决策部署，不断细化各地市社会信用体系建设任务，确保工作落地落实。加大对信用体系建设政策法规、典型事例、诚信文化的宣传力度，营造浓厚的诚实守信良好社会氛围。二是提升信用监管应用水平。按照依法依规、改革创新、协同共治的原则，以加强信用监管为着力点，创新监管理念、监管制度和监管方式，建立健全贯穿市

---

① 中共汉中市委办公室，汉中市人民政府办公室．支持返乡创业推动乡村振兴若干措施［EB/OL］．（2021－05－31）［2022－01－30］．http：//xzzx.hanzhong.gov.cn/hzxzf-wzx/zcfg/202105/e2db17f26d0949aaadc2a5ddd0278d6e.shtml.

场主体全生命周期，衔接事前、事中、事后全监管环节的新型监管机制，不断提升监管能力和水平，进一步规范市场秩序，构建亲商安商的良好环境。三是探索政务诚信体系建设。加强政务决策、政务执行、监督诚信和社会治理诚信建设，强化基层领导干部的责任意识和服务意识，严格履行政策承诺，对于承诺的各种政策要逐一落实落地，提高返乡创业者对政府及公职人员的信任度，以维护政府的公信力。同时，加快推动行业信用体系建设，减少失信事件，提升社会治理能力。

9.3.2　健全创业服务

9.3.2.1　完善社会保障

推进社保制度协调衔接，做好返乡人员社保关系无缝转移接续，完善统一的基本医疗保险制度、大病保险制度和医疗救助制度，不断强化区域"同城效应"。鼓励返乡下乡人员在创业地区按规定办理各项社会保险，并将其子女按规定纳入城镇（城乡）居民基本医疗保险参保范围[①]。落实教育优先发展战略，进一步提高农村办学质量，对返乡创业人员子女有入学需求的，由各地方政府教育部门统筹解决，免除创业人员的后顾之忧。将城镇返乡下乡创业人员纳入保障性住房范围，对存在住房困难且符合条件的创业人员，统筹安排公租房优先解决。同时，要营造良好的家庭氛围，重视家风建设、弘扬家庭美德、塑造家庭文化，加强家庭成员之间的交流、互信与合作，从而降低创业和家庭之间的冲突。

---

① 陕西省人民政府办公厅. 关于支持返乡下乡人员创业创新促进农村一二三产业融合发展的实施意见 ［EB/OL］.（2017 - 06 - 20）［2022 - 01 - 30］. http：//www. shaanxi. gov. cn/zfxxgk/fdzdgknr/zcwj/szfbgtwj/szbf/201706/t20170620_1666490. html.

9.3.2.2 加强创业指导服务

各市、县成立返乡创业项目评审组，实施一名干部、一个服务单位联系一个创业项目的"一对一"帮扶机制，为创业者提供政策咨询、项目推介、开业指导等服务，并帮助解决项目落地中的各种困难①。组建企业家、创业成功人士、专业技术人员等组成的专家团队，为返乡创业人员提供创业指导、技术指导、法律咨询和跟踪服务等。

9.3.2.3 积极培育中介服务市场

鼓励和支持省内大型市场化中介服务机构跨市域拓展，加强资源整合与信息共享，为返乡创业者提供资源对接、产品营销、新业务开拓等服务。充分调动教育培训机构、创业服务企业、电子商务平台、社会中介组织等社会化服务机构，在创业人员项目申报、手续证照办理、政策法规咨询、社保医保办理、生产经营面临的难题等方面提供全方位、全流程服务。

9.3.3 加大财税支持

9.3.3.1 用好财政资金

科学有效整合各类财政支农项目资金和产业基金，支持有条件的地方因地制宜设立返乡入乡创业基金，为返乡入乡创业人员和企业提供支持。对返乡领（创）办小微企业、专业合作社、家庭农场等经营主体符合条件的，纳入扶持范围，及时落实奖补政策。对首次创业并正常经营1年以上的返乡入乡创业人员，可给予一次性创业补贴；

---

① 国家发展改革委办公厅.关于推广支持农民工等人员返乡创业试点经验的通知［EB/OL］.（2021 – 09 – 18）［2022 – 01 – 30］. https：//www. ndrc. gov. cn/xxgk/jd/jd/202109/t20210918_1297137. html? code = &state = 123.

对符合条件的返乡入乡创业人员按规定给予创业担保贷款贴息和培训补贴。对吸纳登记失业半年以上人员就业的创业企业，实行按比例返还上年度实际缴纳失业保险费、给予一次性吸纳就业补贴；对招用就业困难人员、脱贫户的创业企业，给予社会保险补贴和岗位补贴。对成功申报地理标志商标、地理标志保护产品的创业企业，给予一定财政资金奖补。对入驻返乡创业示范基地、创新创业园区、创业孵化基地等场所，或租用各类园区标准化厂房生产的返乡入乡创业企业，可减免一定额度的厂房租金等相关费用①。

9.3.3.2　加大税务支持

一是精准落实。将税收优惠政策落实与推动创业创新专项行动相结合，对符合政策规定条件的返乡创业主体，按照财政部、国家税务总局的政策规定，及时做好税收的减征、免征，以及相关政府性基金的减免，使税收红利的"真金白银"成为"大众创业、万众创新"的"底气"。二是精确推送。将各级政府税费优惠政策进行梳理汇编，借助税务微信公众号、税务部门门户网站集中发布各类税收优惠政策。同时，充分利用线上线下各种渠道，收集本地创业主体对政策推送的意见建议，对于痛点、堵点问题及时汇总反馈，进一步提高推送精准度。三是精心辅导。以纳税人学堂、税企座谈会等为依托，联合开展创业主体税费专题培训，详细讲解税费优惠政策，帮助了解最新服务举措和业务办理流程。四是精简流程。加快办税服务厅规范化建设、智慧办税厅建设、自助办税终端配置，及时更新办税事项"全程网上办"清单项目，"最多跑一次"清单项目，最大限度减少纳税人的办税成本和时间成本。

---

① 国家发展改革委等十九部门．关于推动返乡入乡创业高质量发展的意见［EB/OL］．（2020－02－10）［2022－01－30］．https：//www. ndrc. gov. cn/xxgk/zcfb/tz/202002/t20200210_1220198. html？code＝&state＝123.

9.3.4 创新金融服务

9.3.4.1 健全返乡创业的金融服务组织体系

一是加快金融基础设施建设。建立健全金融服务网点布局，开设金融服务绿色通道，加快区域金融机构的设立和运营，扩大服务覆盖面，大量设置移动金融机具，利用智慧银行、快捷支付等手段为广大返乡创业者提供高效便捷的金融服务，提升金融网点的服务质量。二是完善大型商业银行"支农支小"服务功能。加快大型商业银行专业化金融服务供给机制和金融事业部运营体系建设，引导其优化网点渠道建设，下沉服务重心，鼓励和支持国有商业银行合理赋予县域支行信贷业务审批权限，激发县域支行支持返乡入乡创业融资积极性[①]。三是积极推动金融多样性建设。加快推进各地方农信社改制为地方农商行，完善公司治理和内控机制，强化支持个体工商户、个体经济、私营经济的主力军作用。加快发展村镇银行，强化"支农支小"战略定力，鼓励向乡镇延伸服务触角。积极发挥小额贷款公司等其他金融机构服务返乡创业的作用。探索推进区域性中小金融机构县域吸收的存款优先支持返乡入乡创业。

9.3.4.2 强化金融产品和服务方式创新

一是加强返乡创业主体信息共享。有效整合各部门资源，根据当地返乡创业者的产业分布、行业特点，尽快建立健全返乡创业者名录、生产、资产、信贷、纳税等信息数据库、信息共享机制，定期汇

---

① 国家发展改革委等十九部门. 关于推动返乡入乡创业高质量发展的意见 [EB/OL]. (2020 – 02 – 10) [2022 – 01 – 30]. https: //www. ndrc. gov. cn/xxgk/zcfb/tz/202002/t20200210_ 1220198. html? code = &state = 123.

集发展前景好、信贷需求强、信用记录好的返乡创业主体名单，提供给银行和政府性融资担保机构，为金融机构依法合规支持返乡创业者提供便利①。二是创新多种类型金融产品。采取财政贴息、"银税互动"②、创新担保方式、扩大抵押物范围等综合措施，努力解决返乡人员创业融资难问题。市本级财政每年新增预算安排创业担保贷款担保基金、奖补资金和贴息资金，县区本级新增相应配套资金，对各经办金融机构发放的创业担保贷款给予贴息。商业银行主动加强与税务部门协同合作，定期召开"税银企"互动座谈会，了解创业企业资金需求、介绍"银税互动"信贷产品，税务部门在依法合规和企业授权的情况下，将企业的部分纳税信息提交给银行，帮助企业将纳税信用转化为融资信用。充分运用大数据手段整合税务、市场监管、金融机构等部门的信用信息，对创业主体进行分级分类信用评价，市、县政府性融资担保公司根据信用评价结果，以较低的担保费率和反担保要求，积极为符合条件的返乡创业市场主体提供融资担保。同时，完善商业银行、担保机构、保险公司等多方参与的市场化风险分担机制，鼓励保险公司为返乡入乡创业人员提供贷款保证保险产品③，优

---

① 中国人民银行等六部门．关于金融支持新型农业经营主体发展的意见［EB/OL］．（2021－05－18）［2022－01－30］．http：//www.gov.cn/zhengce/zhengceku/2021－05/25/content_5611723.htm.

② 2015年国家税务总局 中国银行业监督管理委员会联合发布《关于开展"银税互动"助力小微企业发展活动的通知》，决定在全国范围内共同建立银税合作机制，开展"银税互动"助力小微企业发展活动。"银税互动"是在依法合规的基础上，由税务部门、银保监部门和银行业金融机构合作，共享区域内小微企业纳税信用评价结果，帮助企业将纳税信用转化为融资信用，缓解企业融资难问题。具体做法是税务部门将企业的纳税信用推送给银行，在依法合规和企业授权的情况下，将企业的部分纳税信息提交给银行；银行利用这些信息，优化信贷模型，为守信小微企业提供税收信用贷款。

③ 2014年国务院印发《关于加快发展现代保险服务业的若干意见》指出，"加快发展小微企业信用保险和贷款保证保险，增强小微企业融资能力。"贷款保证保险是以借贷关系为承保基础的一种保证保险产品，它主要涉及三方主体，即借款人（投保人）、保险人（保险公司）、出借人（被保险人）。其功能是为有融资需求的借款人提供增信服务，为出借人的资金损失提供风险保障，以提高借款人（即投保人）的贷款成功率。

化"保险＋信贷"模式①。探索创新抵押贷款模式，推广集体经营性建设用地使用权、农村承包土地经营权、农民住房财产权等抵押贷款，有效盘活农村资源和资产。拓宽农业农村抵押物范围，探索权属清晰的包括厂房、农业设施、股权、商标、大型农机具、活体畜禽等抵押贷款业务，推动动产质押、仓单和应收账款质押、农业保单融资等信贷业务，依法合规推动形成全方位、多元化的农村资产抵押融资模式。银行业金融机构要针对返乡创业者融资需求和特点，丰富贷款产品体系，开发随贷随用、随借随还产品和线上信贷产品，合理设置贷款期限，加大中长期贷款投放力度。三是创新服务打造"贴心银行"。各地农商银行应及时成立首贷金融服务中心，开通首贷金融服务热线，专门为创业者免费提供开户、结算、融资等金融服务和专业咨询，并将任务划分给相关客户经理受理，有效提升业务办理效率（郭建华，2022）。四是搭建金融服务中介组织。建立一个非营利性的返乡创业者融资辅导中心，为创业者提供融资、投资、财务管理等服务。当创业者出现融资困难时，由该机构对其进行融资辅导，提供多种选项的融资方案，并帮助向金融机构申请贷款，为资金供需双方架起沟通桥梁。

9.3.4.3 完善金融机构"支农支小"激励政策

建立涉农信贷风险补偿基金，设立涉农信贷再担保资金，不断完善金融服务"三农"的贷款风险分担与补偿机制、补偿办法。完善差异化监管体系，适度提高贷款不良容忍度，返乡创业贷款不良率高出各银行各项贷款不良率合理范围内的，可不作为银行业金融机构内部考核评价的扣分因素。落实创业担保贷款、农户小额贷款税收优惠

---

① 中国人民银行等六部门. 关于金融支持新型农业经营主体发展的意见［EB/OL］.（2021－05－18）［2022－01－30］. http：//www. gov. cn/zhengce/zhengceku/2021－05/25/content_5611723. htm.

政策，对金融机构向家庭农场、农民合作社、农业社会化服务组织等新型农业经营主体发放的小额贷款，符合条件的可按规定享受现行税收优惠政策①。

9.3.5 强化要素保障

9.3.5.1 完善土地利用方式

要优先保障返乡创业用地、完善土地利用方式、盘活存量土地资源。地方政府在安排年度新增建设用地计划指标、移民搬迁旧宅基地腾退节余指标和村庄建设用地整治复垦腾退指标时，可优先用于返乡创业。根据陕西省多数创业者从事种植养殖行业的特点，大力支持返乡人员以土地流转形式，使用一般耕地发展规模化种植业。探索"公司＋现代养殖小区＋创业者"模式，各地方政府可在县域、乡镇和村庄建设标准化、自动化、智能化养殖小区，解决养殖户创业者用地问题。支持返乡入乡人员租赁小区内养殖场，与公司签订委托养殖协议，以公司技术优势、市场优势带动创业者稳定收益，提高创业成功率（农业农村部乡村产业发展司，2021）。支持返乡人员利用自有闲置农房院落发展农家乐、精品民宿。县级政府在年度建设用地指标中单列一定比例，专门用于返乡下乡人员建设农业配套辅助设施，推动传统农业与农产品加工业和现代服务业融合发展。支持返乡人员优先租赁、承包等方式利用"四荒地②"和厂矿废弃地、道路改线废弃

---

① 中国人民银行等六部门. 关于金融支持新型农业经营主体发展的意见［EB/OL］. (2021－05－18)［2022－01－30］. http：//www.gov.cn/zhengce/zhengceku/2021－05/25/content_5611723.htm.

② "四荒地"是农村较丰富的土地资源，包括依法归我国农村集体使用的"四荒地"和农民集体经济组织所有的"四荒地"，具体为荒山、荒沟、荒丘、荒滩未利用的土地，属于现行经济环境中未得到充分、合理、有效利用的土地，但它们属于宝贵资源的一种。

地、村庄空闲地等闲置土地,以及闲置厂房、社区工厂①等场地进行创业,对移民搬迁安置点经营性用房、工业园区标准化厂房等,以优惠租金优先向返乡创业人员出租或提供。

9.3.5.2 强化人才引育

一是聘任一批。依托各地市现有的专家工作站、研究分院等平台,积极主动对接国内外有一定影响力的科技团队,定期聘请在其研究领域具有先进技术专利,有一定技术前瞻性,符合陕西特色产业的专家学者、技术能手,以专家咨询、专项诊断、技术指导等形式参与创业项目的论证、设计与指导。同时,利用新媒体技术建立专家团队与创业者之间的直接信息沟通渠道,使技术供给与技术需求之间形成有效对接。二是引进一批。一方面,加大柔性招才引智力度,采取"季节型""假日型""候鸟型"等方式,积极引进"星期日工程师"②"周末专家"等;深入开展陕籍人才回归工程,鼓励陕籍人才通过团队回归、项目回移、资金回流、技术回馈等方式支持家乡建设;支持县区、返乡创业园区聘请高层次人才作为科技顾问,鼓励组建返乡创业专家委员会,提供决策服务。另一方面,组织部门和人力资源部门按照人才政策实施办法,招录一批外部专业技术人才,新招录的技术人才到专业技术对口的创业园区(基地)设立锻炼服务2年期限,并作为后期各地市"人才工程"③优先推荐人选,为创业企

---

① 社区工厂指各类企业主要是劳动密集型企业和创业人员在移民搬迁社区或利用镇、村集体的老厂房、学校旧址、农家庭院、民居民宅等闲置土地、房屋,创办的生产加工型工厂(分厂)或加工车间。

② "星期日工程师"又称科技人员业余兼职,主要是指各级各类专业技术人才、经营管理人才通过事先联系利用星期天或节假日等业余时间,在完成本职工作、不侵害国家和单位技术、经济利益的前提下,为民营经济和各类企业提供各种无偿和有偿服务。

③ 陕西省"高层次人才特殊支持计划"科技创业领军人才、陕西省"高层次人才引进计划"创业人才项目、西安市"5531"人才计划、渭南市"三三人才工程"、延安市"圣地英才计划"人才工程、汉中市"新时代311人才工程"、安康市"双百"人才项目等。

业提供后续人才支持。同时，要完善人才服务机制，全面优化"人才服务绿卡"措施落实机制，兑现人才补助补贴、税收、住房、教育、社保医疗等优惠政策，留住人才。三是培养一批。探索"企业＋职业教育"办学模式，实现学校和工厂融合、教室和车间融合、育人与增效融合，建设一批产教融合基地，上线一批实用技能培训课程，培养一批本地技工、本地工匠。加强对本土有成长潜力的青年、退役军人、农村妇女的培养力度，加强对农村集体经济带头人、新型经营主体负责人的培训力度，引导其主动投身创新创业，实现由"外出务工"向"返乡创业"转变。

9.3.6 打造创业平台

9.3.6.1 整合平台资源

创业园区是推动创业项目集聚发展的重要载体，也是产业集群的重要组成部分。促进创业发展，必须进一步提升创业园区承载力水平，提升园区吸引创业主体、集聚产业要素的效能。按照政府搭建平台、平台聚集资源、资源服务创业的思路，依托现有产业园区、产业集聚区、创业载体、移民搬迁集中安置点、规模种养基地等各类载体，整合提升一批具有区域特色的返乡下乡人员创业创新示范园区和创业孵化示范基地，引导返乡创业向园区聚集，向移民搬迁集中安置点布局。同时，以股份合作、飞地自建、托管建设等模式推动区域内不同城市间园区共建，打造理念先进、运营高效、功能完备、环境优良的返乡创业园。

9.3.6.2 强化载体服务

对列入中长期和专项规划的现代农业产业园、一二三产业融合示范园、科技示范园、乡村旅游示范村等产业园区（基地），优先推进园区路网、水网、电网、气网、物流网等"多网同织",强化标准厂房、人才公寓、专业仓储等生产性服务设施建设,打造集高端技术服务、高品质生活服务、高标准公共服务于一体的园区配套体系。落实房租物业费减免、水电暖费定额补贴等优惠政策,在创业者集中的镇村开辟延伸寄递物流线路及网点,健全以县、乡、村三级物流节点为支撑的物流网络体系,降低返乡入乡创业企业生产经营成本①。成立返乡创业园管理机构,为入驻返乡创业者统一提供政策咨询、业务代办等相关服务。

9.3.7 加强创业培训

9.3.7.1 完善培训机构

人力资源部门定期开展本地区创业者调查,全面掌握创业者的行业分布、技能需求,与高校、职业院校、公共职业技能培训平台、创业示范基地等单位和平台开展合作,对创业企业、家庭农场、农民合作社等经营主体领办人和骨干,分类型、分层次开展有针对性的技能提升培训。同时,政府要加大对创业培训的投入,将创业培训资金列入政府预算,或通过项目制方式购买培训服务,为符合条件的返乡入乡创业人员提供培训。

9.3.7.2 丰富培训内容

通过聘请专家教授、企业高管、创业成功人士对返乡创业者进行管理、营销、财务、法律等专业知识培训。同时,结合乡村振兴,以

---

① 人力资源社会保障部,财政部,农业农村部.关于进一步推动返乡入乡创业工作的意见 [EB/OL]. (2020－01－08)[2022－01－30]. http://www.mohrss.gov.cn/SYrlzyh-shbzb/dongtaixinwen/bunelyaowen/202001/t20200108_353035.html.

县（区）为单位，根据各乡镇产业分布、农业特点，建立 1～2 个综合培育基地、1 所田间学校、2～3 个实训基地和 3～5 个创业孵化基地，以种植养殖技术、种植养殖管理、病虫害防治及农副产品深加工技术等为重点开展实用技术培训。以农技推广体系为依托，采取集中的"技能培训田间课堂""培训大篷车下乡"等形式开展职业技能培训。

9.3.7.3　加强内外交流

定期举办创业论坛、研讨会等各类产业技术交流活动，加强不同创业者之间相互交流，拓宽创业者的知识视野和社会资源。遴选一批创业引领骨干到产业价值链前端的省内外龙头企业，或赴东西部对口帮扶城市开展多种形式技能培训、参观考察、观摩学习，开展创新创业经验交流会，在比较学习中提升创业能力。

9.3.8　加强市场开拓

9.3.8.1　建立创业联盟

聚焦"协同""合作"两个关键，以区域特色产业高质量发展为目标，涵盖区域特色产品种养、加工制造、运输物流、休闲旅游等一二三产业，集合市场营销、品牌推广、信息咨询、电商服务等多类型市场主体，打造返乡下乡抱团创业链条及多维一体区域创业生态圈。

9.3.8.2　着力打造地方品牌

品牌是产品、服务、质量和信誉的重要标志，是产品营销的助推器，是企业参与市场竞争的重要无形资源。要紧紧围绕全省"3＋X"

农业特色产业工程①，依托各地资源禀赋，主攻区域特色农业产业，打通农业全产业链，创建"区域公用品牌＋地理标志品牌＋企业品牌"的母子品牌矩阵，深入开展多个区域的市场营销活动、宣传推介活动，真正让洛川苹果、富平奶山羊、汉中仙豪等为代表的产地品牌走向产品品牌。

9.3.8.3 创新销售方式

加快推动各类企业线上线下融合发展，探索"线上开网店＋线下实体店"的创新模式。鼓励并支持创业联盟或大型创业企业在省内外和本地开设乡村振兴特色产品体验馆。同时，聚焦网上超市、网上市场等服务应用，与天猫、京东等大型平台企业对接，搭建特色产品网上销售渠道，形成"线下体验、网上下单、云仓发货"的电商平台运营机制，打通特色产品进城入市的销售渠道（农业农村部乡村产业发展司，2021）。

9.3.9 加强示范引导

9.3.9.1 坚持规划先行

返乡创业工作要实现良好发展，必须得到当地党委、政府高度重视，必须进入政府工作规划。市县镇（办）要把支持返乡创业纳入"十四五"规划实施过程中，编制好乡村振兴配套规划、巩固拓展脱贫攻坚成果等规划体系。围绕回乡创业、本地就业编制乡村产业发展

---

① 2018年底，中共陕西省委办公厅、陕西省人民政府办公厅出台《关于实施"3＋X"工程加快推进产业脱贫夯实乡村振兴基础的意见》，要求实施农业特色产业"3＋X"工程，大力发展以苹果为代表的果业、以奶山羊为代表的畜牧业、以棚室栽培为代表的设施农业三个千亿级产业，同时因地制宜做优做强魔芋、中药材、核桃、红枣和有机、富硒、林特系列产品等区域特色产业。

规划，做好规划项目储备、策划，建立乡村人才信息库、项目信息库和需求目录，确定返乡创业工作年度计划，通过政务平台、政府网站、电视、报纸等媒体平台向社会公开，让创业群众知晓。

9.3.9.2　加强创业引导

做好返乡创业人员的引导扶持，是实现返乡人员回馈家乡、服务乡邻的具体举措，是"筑巢引凤"、乡村振兴的重要抓手。各地结合自身资源禀赋和优势产业，精准确定返乡创业工作方向，鼓励发展"一县一业、一乡一特"创业模式，培育"一村一品"示范村镇。建立统一的返乡创业项目库，筛选一批创新性强、适用面广、示范性好的优质项目，供返乡创业人员选择，对于创业人员确定的项目，政府要给予跟踪帮扶，促进尽快落地见效。落实"互联网 + 返乡创业"，实施信息进村入户工程、电子商务进农村综合示范等项目，为返乡创业人员营造良好的发展环境，提升返乡创业的经济效益和社会效益。

9.3.9.3　做好宣传示范

要扩大政策宣传、做好政策解读，充分利用各类信息平台、融媒体、政务窗口及时发布创业政策，或将各类创业扶持政策的实施范围、实施对象、实施要点统一汇编成册发放到镇村、扩散到群众，以畅通政策知晓渠道、明确政策措施要点，减少政策出台后的信息不对称。同时，加强不同部门间的工作协同，协调解决政策落实过程中的难点、堵点问题，及时跟踪评估政策实施情况，做好存量政策优化、增量政策储备，完善政策工具箱，根据创业主体实际困难和需求，动态调整政策组合，确保各项创业扶持政策有效、精准传导至创业主体。要消除信息孤岛，联通各就业创业部门信息，加强信息对接，利用大数据精准摸排创业信息，及时公开发布，实现精准对接；依托各地市"智慧就业"服务平台，建立人力资源部门与外出人员直接联络机制，动态掌握外出人员返乡状况，持续加大本地创业政策、投资环境、产业园区、产业规划等宣传力度。要加强典型示范，围绕为当地经济社会发展作出突出贡献、返乡创业成效显著、带动就业效果明显的返乡创业优秀带头人和优秀企业家，授予"返乡创业标兵"称号，予以表彰奖励，进行深度宣传推介，组织进行创业经验宣讲，以激励其他创业人员创业信心，吸引带动更多外出人员返乡创业。

9.4 本章小结

本章基于影响创业政策绩效的主要因素及陕西省创业政策绩效评价实证研究结论，结合实地调研情况，提出促进陕西省返乡创业发展的政策建议，主要分为三个部分：一是提出了构建返乡创业政策体系的指导思想。二是提出了构建返乡创业政策体系的六个基本原则，即引导性原则、公平性原则、连续性原则、协调性原则、针对性原则、系统性原则。三是提出了促进陕西省返乡创业发展的九个方面政策建议，即优化创业环境、健全创业服务、加大财税支持、创新金融服务、强化要素保障、打造创业平台、加强创业培训、加强市场开拓、加强示范引导。

第 10 章　结论与展望

10.1　研究结论

本书在深入研究乡村振兴战略和创业理论的基础上，系统梳理了改革开放以来，党中央、国务院、国务院各部委及陕西省出台的一系列创业扶持政策，归纳总结了每个阶段创业政策的特点和重点。运用问卷调查法，对231位返乡创业者进行了问卷调查，对其中具有典型示范引领作用的创业者进行多次实地访谈。基于231位返乡创业者的问卷调查数据，运用 Logistic 回归分析、多元回归分析、主成分分析等计量经济学方法，对影响创业绩效、创业政策绩效的因素及路径进行实证分析。在此基础上，构建了一个包括政策宣传、政策执行、政策效果、政策反馈、工作服务 5 个一级指标，政策知晓度、创业培训、创业氛围等21个二级指标在内的陕西省创业政策绩效评价指标体系，运用模糊综合评价法对陕西省创业政策绩效作出分层评估和总体评估。主要得到以下结论：

（1）改革开放以来，党中央对"三农"工作是有战略安排的，这些战略的总体方向是确定的，具有稳定性和连续性，但面对不同时期的具体任务时，会有不同的战略、策略和具体措施，呈现出阶段性特点。

（2）返乡创业是产业振兴的重要抓手。返乡创业促进了乡村产业兴旺，产生了示范带动作用。全面推进乡村振兴，需激励更多外出人员回乡创业，以产业振兴为全面振兴提供坚实物质基础。

（3）改革开放以来，我国创业政策与经济体制改革、经济结构转型升级基本保持同步。创业政策演变历程大致可划分为允许个体经济、支持私营经济、鼓励非公有制经济、以创业带动就业、"大众创业 万众创新"五个阶段，每个阶段有其政策特点和重点。

（4）陕西省返乡创业迎来了蓬勃发展的新生机，但也面临急需解决的问题。返乡创业促进了农业产业现代化，助力了县域经济高质量发展，带动了周边群众就业、增加群众收入，带动了人才和劳动力回流。但从调查结果看，返乡创业者仍面临资金短缺融资难、创业项目用地难、政策宣传不到位、创业培训缺乏针对性等问题。

（5）个体因素、家庭因素、创业环境对创业绩效产生影响。创业者的机会把握能力对创业绩效具有显著正向影响，与其他经营形式相比，个体工商户创业绩效较差，与其他行业相比，种植养殖行业创业绩效普遍较差。创业者的家庭劳动力数量对创业绩效具有显著负向影响，家庭收入水平、家庭成员合作程度对创业绩效具有显著正向影响。创业者获取政策信息便利程度以及家乡环境融洽程度对创业绩效具有显著正向影响，政策支持效果对创业绩效的影响呈现差异化。

（6）不同因素影响创业政策满意度的路径不尽相同。创业者的政策知晓度对创业政策满意度影响最大，政策利用难易度次之，创业氛围再次之。创业者年龄、对周边群众带动效应、经营效益既对创业政策满意度产生直接显著影响，又会通过政策知晓度、政策利用难易度、创业氛围3个中间变量对创业政策满意度产生间接影响。创业者文化程度、务工经历、经营形式、亲友创业、家庭收入水平、家庭地理位置间接影响对创业政策满意度的评价。

（7）政府需要在重点强化、重点关注、机会挖潜、加强提升四个方面优化创业政策措施。在创业培训、园区建设等8项关键性因素上需要重点强化政策优势；在项目支持、用地优惠方面需要重点改进；在政策宣传和创业氛围营造上可重点关注，从中挖掘提升政策绩效的机会点；在服务机构工作效率方面需要加强提升。

（8）陕西省创业政策绩效评价总体上属于"中等"等级。从调研结果看，政府需要在政策宣传、政策执行、政策效果方面进一步提高有效性、普惠性、针对性，使创业政策的制定、宣传、落实、反馈、优化五个环节形成工作闭环，建立层层抓落实的工作机制，为返乡创业者营造良好的发展环境。

（9）构建返乡创业政策体系必须坚持以习近平新时代中国特色社会主义思想为指导，以乡村产业振兴为主线，以乡村一二三产业融合发展为导向，以激发返乡创业活力为目标，以系统完备的政策支持为重点，以提升创业能力为核心，以健全组织领导机制为保障。同时，必须遵循以下基本原则：引导性原则、公平性原则、连续性原则、协调性原则、针对性原则、系统性原则。在具体政策措施上，要从优化创业环境、健全创业服务、加大财税支持、创新金融服务、强化要素保障、打造创业平台、加强创业培训、加强市场开拓、加强示范引导九个方面进一步完善陕西省返乡创业政策体系。

10.2　研究不足与展望

本书的研究内容从最初研究框架到最终成稿，虽经过数次修改和完善，但由于笔者的理论知识、能力、实践经验有限；加之返乡创业涉及众多因素，故本书中仍有需要完善和补充之处。

（1）评价指标体系的局限性。本书虽然在借鉴政府创业政策文件中的政策类型、具体举措和相关学者研究成果的基础上，结合对231 位返乡创业者的问卷调查，从个体因素、家庭因素、创业环境三个方面选取相关指标，对影响创业绩效的因素进行实证分析。从政策宣传、政策执行、政策效果、政策反馈、工作服务五个方面构建 5 个一级指标和 21 个二级指标，对陕西省创业政策绩效进行评估。但考虑到指标数据的可获得性，政策制定的科学性、政策公平程度等未被纳入指标体系，指标体系难以完全涵盖，这会对评价结果产生一定影响，需要在今后的研究中进一步完善。

（2）样本调查数据的主观性。本书所采用的全部数据来自课题组对 231 位创业者的问卷调查。调查内容涉及返乡创业者的总体情况，创业绩效的影响因素，以及对创业政策宣传、落实、效果环节主要内容的反馈。问卷题项多数采用李克特五分量表法，在涉及创业者的财务数据时，由于其敏感性，故采取五级主观程度评价。样本数量、样本代表性、被调查对象的主观性，都会对最终结论产生影响。因此，在以后的研究中，指标体系应更多体现出客观数据。

（3）创业政策建议的局部性。本书在理论研究结论和实地调研结果的基础上，提出从优化创业环境、健全创业服务、加大财税支持、创新金融服务、强化要素保障、打造创业平台、加强创业培训、加强市场开拓、加强示范引导九个方面完善陕西省返乡创业政策体系的建议。但影响创业的因素具有复杂性和多样性，有些具体政策建议还需要进一步深入研究，以提高政策有效性、针对性和可操作性。

附录　陕西省返乡人员创业问题研究调查问卷

尊敬的朋友：

您好！为详细了解陕西省返乡人员创业状况，以及相关创业政策的落实情况、实施效果，本课题组组织了此次社会调查。本次调查仅用于陕西省社会科学基金项目研究使用。调查采取匿名方式，我们保证将严格遵守《中华人民共和国统计法》，问卷的所有资料信息将会被严格保密，并仅限于学术研究使用。请各位朋友如实填写，以期获得普遍性的真实情况。若无特殊说明，每个问题只选一个答案。

衷心感谢您的合作与支持！

问卷编号：_____　　调查员：_____　　调查时间：_____

调查地址：_____市（县、区）_____镇（街道）_____村（居委会）

一、创业影响因素

（一）个体因素

1. 您的性别（　　）。

A. 女　　　　　B. 男

2. 您的年龄为（　　）。

A. 18～30岁　B. 31～40岁　C. 41～50岁　D. 50岁以上

3. 您的文化程度是（　　）。

A. 小学   B. 初中   C. 高中或中技

D. 大专   E. 本科及以上

4. 您是否掌握一定的技能手艺（ ）。

A. 无   B. 有

5. 您是否有过外出务工经历（ ），如果有，务工年限_____，从事的行业_____。

A. 无   B. 有

6. 您的吃苦耐劳精神如何（ ）。

A. 差   B. 一般   C. 强

7. 您的风险承受能力如何（ ）。

A. 差   B. 一般   C. 强

8. 您的创业动机如何（ ）。

A. 差   B. 一般   C. 强

9. 您的交际沟通能力如何（ ）。

A. 差   B. 一般   C. 强

10. 您的经营管理能力如何（ ）。

A. 差   B. 一般   C. 强

11. 您的机会把握能力如何（ ）。

A. 差   B. 一般   C. 强

12. 您创业经营场所土地获取方式是（ ）。

A. 使用自有场地   B. 租用村庄集体荒地

C. 流转农户土地   D. 租用或购买城镇土地

E. 使用县镇村工业园区土地 F. 其他

13. 您创业时是否拥有自有资金（ ）。

A. 无   B. 有

14. 您创业的初次投资规模是多少（ ）。

A. 1 万（不含）~5 万   B. 5 万（不含）~20 万

C. 20 万（不含）~50 万   D. 50 万（不含）~100 万

E. 100 万以上

15. 您创业期间，是否遇到资金周转困难（　　　）。

A. 否　　　　　B. 是

16. 当遇到资金周转困难时，您是如何解决的（　　　）。

A. 亲友资助　　　　　　　B. 民间借贷

C. 金融机构借贷　　　　　D. 其他

17. 您是否被纳入社会保障体系（　　　）。

A. 否　　　　　B. 是

18. 您在当地的亲友数量如何（　　　）。

A. 少　　　　B. 多

19. 您的亲友是否有人创业或担任公职人员（　　　）。

A. 无　　　　B. 有

（二）家庭因素

20. 您家庭的劳动力数量（　　　）。

A. 1～3 人　　　B. 4～5 人　　　C. 5 人以上

21. 您家庭的收入水平在当地属于（　　　）。

A. 中等偏下　　　B. 中等　　　　C. 中等偏上

22. 您家庭住址处于县城什么位置（　　　）。

A. 远郊　　　　B. 近郊

23. 您的家庭抚养负担如何（　　　）。

A. 轻　　　　B. 一般　　　　C. 重

24. 您家庭成员的合作程度如何（　　　）。

A. 差　　　　B. 一般　　　　C. 好

（三）创业环境因素

25. 您创业过程中，如果有从正规金融机构借贷，借贷便利如何（　　　）。

A. 从未借贷　　B. 困难　　　　C. 一般　　　　D. 容易

26. 您创业过程中，如果有从民间借贷，借贷便利如何（　　　）。

A. 从未借贷　　B. 困难　　　　C. 一般　　　　D. 容易

27. 您认为从正规金融机构借贷的融资成本如何（　　）。

A. 从未借贷　　B. 低　　　　C. 中等　　　　D. 偏高

28. 您创业过程中，政府是否提供并落实了贴息贷款（　　）。

A. 没有　　　　　　　　　　B. 提供但不完全

C. 完全提供

29. 您创业过程中，政府是否提供并落实了税费减免（　　）。

A. 没有　　　　　　　　　　B. 提供但不完全

C. 完全提供

30. 您创业过程中，政府是否提供了创业孵化基地或要素保障
（　　）。

A. 没有　　　　　　　　　　B. 提供但不完全

C. 完全提供

31. 您创业过程中，政府是否提供了职业技能培训和创业教育培训（　　）。

A. 没有　　　　　　　　　　B. 提供但不完全

C. 完全提供

32. 如果有机会，您是否愿意进一步学习相关技能知识（　　）。

A. 非常不愿意　　　　　　　B. 不愿意

C. 无所谓　　　　　　　　　D. 愿意

E. 非常愿意

33. 您最希望获得的技能和教育培训知识是（　　）。（可多选）

A. 实用技术　　B. 经济管理　　C. 创业知识　　D. 人际沟通

E. 法律知识　　F. 其他

34. 您最希望通过什么方式来获得技能教育培训知识（　　）。
（可多选）

A. 学校培训　　　　　　　　B. 企业或产业基地培训

C. 网络自学　　　　　　　　D. 专业人士培训

E. 其他

35. 当地基础设施和配套产业完善程度如何（　　　）。

A. 差　　　　　B. 一般　　　　C. 好

36. 当地经济发展水平和消费水平如何（　　　）。

A. 低　　　　　B. 一般　　　　C. 高

37. 对外部资源（供应商、顾客、服务、要素等）的可获得性如何（　　　）。

A. 难　　　　　B. 一般　　　　C. 容易

38. 您创业的行业壁垒如何（　　　）。

A. 低　　　　　B. 中等　　　　C. 偏高

39. 您家乡环境氛围的融洽程度如何（　　　）。

A. 差　　　　　B. 一般　　　　C. 好

40. 当地对创业失败的社会包容度如何（　　　）。

A. 差　　　　　B. 一般　　　　C. 强

41. 当地创业成功的榜样对您创业影响程度如何（　　　）。

A. 小　　　　　B. 一般　　　　C. 大

二、创业政策绩效

（一）政策宣传与落实力度

42. 您对当地返乡创业政策的了解程度如何（　　　）。

A. 不知道　　　　　　　　B. 听说过但不了解

C. 了解一些　　　　　　　D. 了解大部分

E. 很熟悉

43. 您通过现有途径获取创业政策信息方便吗（　　　）。

A. 很不方便　　B. 不太方便　　C. 一般　　　　D. 比较方便

E. 很方便

44. 您希望通过何种途径了解与您相关的创业政策（　　　）。（可

多选）

A. 广播电视　　B. 报刊杂志　　C. 干部宣传　　D. 互联网

E. 宣传册　　　F. 其他

45. 您享受过哪些创业政策（　　　）。（可多选）

A. 技能培训　　B. 税费减免　　C. 信贷扶持　　D. 绿色通道

E. 信息咨询　　F. 项目支持　　G. 用地优惠　　H. 降低创业门槛

I. 创业园区设立　　　　　　　J. 从未享受过任何政策

K. 其他

46. 您认为相关创业政策实际利用起来难易程度如何（　　　）。

A. 很难　　　　B. 比较难　　　C. 一般　　　　D. 比较容易

E. 很容易

（二）政策实施成效

47. 您的创业项目用人规模是（　　　）。

A. 1～10 人　　B. 11～30 人　　C. 31～50 人　　D. 51～100 人

E. 100 人以上

48. 您创业的市场主体形式是（　　　）。

A. 个体工商户　B. 私人企业　　C. 股份制　　　D. 家庭农场

49. 您创业选择的行业是（　　　）。

A. 种植养殖　　B. 采矿业　　　C. 加工制造　　D. 建筑业

E. 新兴产业　　F. 住宿餐饮　　G. 批发零售　　H. 运输流通

I. 科教文卫　　J. 居民服务　　K. 其他

50. 您创业项目目前的年产值（或销售额、营业额）（　　　）。

A. 10 万元及以下　　　　　　B. 10 万（不含）～50 万

C. 50 万（不含）～100 万　　D. 100 万（不含）～500 万

E. 500 万以上

51. 您创业项目目前的经营效益如何（　　　）。

A. 很差　　　　B. 比较差　　　C. 一般　　　　D. 良好

E. 很好

52. 您认为相关创业政策对返乡人员创业意愿的影响如何（　　　）。

　　A. 没有影响　　B. 影响较小　　C. 一般　　　　D. 影响较大

　　E. 影响很大

53. 您认为现在周边的创业氛围如何（　　　）。

　　A. 很差　　　　B. 比较差　　　C. 一般　　　　D. 良好

　　E. 很好

54. 您的创业项目对周边群众的综合带动效应如何（　　　）。

　　A. 很小　　　　B. 比较小　　　C. 一般　　　　D. 比较大

　　E. 很大

55. 您认为目前返乡人员创业面临的突出困难是（　　　）。（可多选）

　　A. 缺乏资金　　　　　　　　B. 缺乏技术、人才

　　C. 缺少市场信息　　　　　　D. 经营管理能力与经验欠缺

　　E. 基础设施不完善　　　　　F. 缺乏配套产业

　　G. 当地购买力低　　　　　　H. 政府的扶持力度较小

　　I. 审批手续和流程环节繁多　J. 企业负担太重

　　K. 其他

（三）政策反映回馈

56. 请您对政府创业政策的满意度做出评价。

　　请按以下等级评价：A. 不满意　　B. 满意度较低　　C. 一般
D. 比较满意　　E. 很满意

　　（1）创业培训（如免费提供创业培训或技能培训等）。　（　　　）

　　（2）降低创业门槛（如在工商登记方面降低创业门槛、降低职工参保门槛等）。　　　　　　　　　　　　　　　　　　（　　　）

　　（3）建设创业园区（如创业园区水、电、交通、物流、通信、宽带网络等基础设施及产业集群发展等）。　　　　　　　（　　　）

　　（4）绿色通道（如简化立项、审批和办证手续，公布各项行政

审批、核准、备案事项和办事指南，推行联合审批、一站式服务等）。   （   ）

（5）公共服务（统筹考虑社保、住房、教育、医疗等公共服务制度改革）。   （   ）

（6）项目支持（如鼓励和引导创业者进入优先和重点发展的科技型、资源综合利用型、劳动密集型、农副产品加工型等产业或行业）。   （   ）

（7）信息咨询（如搭建信息平台，中介机构等）。   （   ）

（8）税费减免（如对在创业孵化基地创业的，自创办之日起，1年内减半缴纳房租费和水电费，3年内免缴物管费、卫生费等）。

（   ）

（9）信贷扶持（如贷款贴息，贷款担保等）。   （   ）

（10）用地优惠（如政府设立创业孵化基地并优惠提供给创业者，或者帮助从事农业开发的创业者协调土地流转等）。 （   ）

57. 您对创业过程中政府相关工作人员的服务态度满意程度如何（   ）。

A. 不满意   B. 满意度较低

C. 一般   D. 比较满意

E. 很满意

58. 您对创业过程中政府相关服务机构的工作效率满意程度如何（   ）。

A. 不满意   B. 满意度较低

C. 一般   D. 比较满意

E. 很满意

59. 您返乡创业的原因是（   ）。（可多选）

A. 有外出务工经历（积累了资金、技术、经验等）

B. 个人家庭因素（如回乡发展事业、照顾家人等）

C. 强烈的创业意愿

D. 与家乡的天然联系

E. 城乡二元体制使得在外地发展受限

F. 当地发展环境和条件改善

G. 东西部产业转移的有利背景

H. 其他

60. 您对返乡人员创业政策的其他建议：＿＿＿＿＿＿＿＿＿＿＿

参 考 文 献

［1］包云娜．创新创业政策评估体系建构［J］．中国高校科技，2020（4）：31－35．

［2］蔡莉，崔启国，史琳．创业环境研究框架［J］．吉林大学社会科学学报，2007（1）：50－56．

［3］蔡莉，于海晶，杨亚倩，等．创业理论回顾与展望［J］．外国经济与管理，2019，41（12）：94－111．

［4］蔡晓珊，张耀辉．创业理论研究：一个文献综述［J］．产经评论，2011（5）：55－66．

［5］陈欢，庄尚文，周密．企业家精神与经济高质量发展——基于需求结构转变视角［J］．云南财经大学学报，2020，36（8）：80－91．

［6］陈文超，陈雯，江力华．农民工返乡创业的影响因素分析［J］．中国人口科学，2014（2）：96－105，128．

［7］陈锡文．从农村改革四十年看乡村振兴战略的提出［J］．行政管理改革，2018（4）：4－10．

［8］陈燮函．2019年陕西农村居民收入增长不断提速［EB/OL］．（2020－02－19）［2021－11－15］．http：//snzd. stats. gov. cn/index. aspx? menuid＝4&type＝articleinfo&lanmuid＝18&infoid＝3458&language＝cn．

［9］陈秀丽，李博浩．中国创业政策的历史变迁［J］．改革与战略，2014，30（3）：20－22，63．

［10］陈昭玖，朱红根．人力资本、社会资本与农民工返乡创业

政府支持的可获性研究——基于江西 1145 份调查数据［J］.农业经济问题，2011，32（5）：54－59，111.

［11］陈振明.政策科学：公共政策分析导论［M］.北京：中国人民大学出版社，2003.

［12］陈震红，刘国新，董俊武.国外创业研究的历程、动态与新趋势［J］.国外社会科学，2004（1）：21－27.

［13］程聪.创业者心理资本与创业绩效：混合模型的检验［J］.科研管理，2015，36（10）：85－93.

［14］崔传义.优化创业环境支持农民工返乡创业［N］.中国劳动保障报，2015－06－30（3）.

［15］崔宏桥，吴焕文.创业环境如何影响科技人员创业活跃度——基于中国 27 个省市的 fsQCA 分析［J］.科技进步与对策，2021，38（13）：126－134.

［16］丁栋虹，张翔.风险倾向对个体创业意愿的影响研究［J］.管理学报，2016，13（2）：229－238.

［17］丁立江.乡村振兴须实现生活富裕根本目标［N］.中国经济时报，2020－07－02（A04）.

［18］董玉华，王性玉.土地产权融资促进农民工返乡创业研究［J］.农村金融研究，2021（8）：18－25.

［19］杜坤.新生代农民工返乡创业对区域经济发展的作用［J］.农业经济，2019（5）：69－70.

［20］杜跃平，马晶晶.科技创新创业金融政策满意度研究［J］.科技进步与对策，2016，33（9）：96－102.

［21］杜跃平，马晶晶.政府促进创业的公共政策和服务的效果评估与分析——陕西省西安市、宝鸡市、咸阳市创业者调查［J］.软科学，2016，30（1）：31－35.

［22］范波文，应望江.家庭背景对农民创业模式的影响研究——基于"千村调查"的数据分析［J］.江西财经大学学报，2020（3）：

73 - 86.

[23] 范建华. 大力推动乡村文化振兴 [N]. 人民日报, 2019 - 06 - 03 (9).

[24] 范巍, 王重鸣. 创业倾向影响因素研究 [J]. 心理科学, 2004 (5): 1087 - 1090.

[25] 方鸣, 詹寒飞. 返乡农民工对创业培训政策满意度的影响因素分析 [J]. 财贸研究, 2016, 27 (6): 54 - 59.

[26] 方鸣. 创业培训、政策获取和农民工返乡创业绩效 [J]. 北京工商大学学报 (社会科学版), 2021, 36 (6): 116 - 126.

[27] 方世建, 桂玲. 创业、创业政策和经济增长——影响途径和政策启示 [J]. 科学学与科学技术管理, 2009, 30 (8): 121 - 125.

[28] 弗兰克·H. 奈特. 风险、不确定性和利润 [M]. 北京: 商务印书馆, 2006.

[29] 傅晋华. 农民工创业政策: 回顾、评价与展望 [J]. 中国科技论坛, 2015 (9): 133 - 137.

[30] 高斌, 段鑫星. 我国省域创新创业环境评价指标体系构建及测度 [J]. 统计与决策, 2021, 37 (12): 70 - 73.

[31] 高建, 盖罗它. 国外创业政策的理论研究综述 [J]. 国外社会科学, 2007 (1): 70 - 74.

[32] 高静, 贺昌政, 刘娇. 基于 SEM 模型的大学生创业倾向影响因素研究——来自重庆的实证数据 [J]. 教育发展研究, 2014, 34 (1): 57 - 62.

[33] 辜胜阻, 武兢. 扶持农民工以创业带动就业的对策研究 [J]. 中国人口科学, 2009 (3): 2 - 12, 111.

[34] 顾旭东. 吉林省全民创业政策体系构建研究 [D]. 长春: 东北师范大学马克思主义学部, 2010.

[35] 郭红东, 丁高洁. 关系网络、机会创新性与农民创业绩效

［J］. 中国农村经济，2013（8）：78 – 87.

［36］郭建华. 石泉农商银行创新服务方式助力乡村振兴［N］.
陕西日报，2022 – 03 – 25（8）.

［37］郭军盈. 我国农民创业的区域差异研究［J］. 经济问题探
索，2006（6）：70 – 74.

［38］郭显光. 改进的熵值法及其在经济效益评价中的应用［J］.
系统工程理论与实践，1998（12）：98 – 102.

［39］国务院发展研究中心《农民工回乡创业问题研究》课题组.
农民工回乡创业现状与走势：对安徽、江西、河南三省的调查［J］. 改
革，2008（11）：15 – 30.

［40］韩秉志. 农民工培训要做到"精准渗透"［N］. 经济日报，
2020 – 6 – 5（3）.

［41］贺景霖. 务工经历、社会资本与农民工返乡创业研究［D］.
武汉：中南财经政法大学经济学院，2019.

［42］侯俊华，丁志成. 农民工创业政策绩效的实证研究——基
于江西调查数据［J］. 调研世界，2016（10）：19 – 22.

［43］侯俊华. 城乡统筹背景下农民工创业政策绩效评价研
究——以江西省为例［M］. 上海：立信会计出版社，2017.

［44］侯永雄，程圳生. 中国近三十年来的创业政策回顾与展望
［J］. 创新与创业教育，2015，6（2）：5 – 8.

［45］胡豹. 金融支持农民工返乡创业研究［J］. 山西财经大学
学报，2011，33（S3）：22 – 23.

［46］胡俊波. 农民工返乡创业扶持政策绩效评估体系：构建与
应用［J］. 社会科学研究，2014（5）：79 – 85.

［47］胡永青. 基于计划行为理论的大学生创业倾向影响因素研
究［J］. 教育发展研究，2014，34（9）：77 – 82.

［48］黄建新. 农民工返乡创业突出短板与政策选择［J］. 中共
福建省委党校（福建行政学院）学报，2020（1）：146 – 151.

[49] 黄少安. 改革开放 40 年中国农村发展战略的阶段性演变及其理论总结 [J]. 经济研究, 2018, 53 (12): 4 - 19.

[50] 黄寿峰. "三农"问题与乡村振兴战略: 变迁与跨越 [J]. 国家治理, 2020 (36): 35 - 39.

[51] 黄永春, 陈成梦, 徐军海, 等. 创业政策与创业模式匹配对创业绩效影响机制 [J]. 科学学研究, 2019, 37 (9): 1632 - 1641.

[52] 贾鹏, 庄晋财. 乡村创业与农村老人养老困境 [J]. 华南农业大学学报 (社会科学版), 2021, 20 (5): 27 - 37.

[53] 蒋剑勇、郭红东. 创业氛围、社会网络和农民创业意向 [J]. 中国农村观察, 2012 (2): 20 - 27.

[54] 解学梅, 吴永慧, 徐雨晨. 女性创业者自恋人格与新创企业绩效关系研究——政治关联和创业激情的调节作用 [J]. 研究与发展管理, 2021, 33 (5): 13 - 24.

[55] 李彩鹏. 国内大循环背景下农民返乡创业促进乡村经济发展研究 [J]. 农业经济, 2021 (1): 100 - 101.

[56] 李长安. 中国四次创业浪潮的演进: 从"难民效应"到"企业家效应" [J]. 北京工商大学学报 (社会科学版), 2018, 33 (2): 1 - 9.

[57] 李晨曦, 颜毓洁. 陕西农民工返乡创业面临的困境及对策 [J]. 安徽农业科学, 2011, 39 (30): 18932 - 18934.

[58] 李程, 杨绪彪, 李智忠, 等. 中国创业政策脉络分析及趋势研判 [J]. 宏观经济研究, 2020 (10): 114 - 125.

[59] 李红燕. 简介"大五"人格因素模型 [J]. 陕西师范大学学报 (哲学社会科学版), 2002, 31: 89 - 91.

[60] 李宏彬, 李杏, 姚先国, 等. 企业家的创业与创新精神对中国经济增长的影响 [J]. 经济研究, 2009, 44 (10): 99 - 108.

[61] 李后建, 刘维维. 家庭的嵌入对贫困地区农民创业绩效的

影响——基于拼凑理论的实证检验［J］.农业技术经济，2018（7）：132－142.

［62］李路路.社会资本与私营企业家——中国社会机构转型的特殊动力［J］.社会学研究，1995（6）：46－58.

［63］李树，于文超.农村金融多样性对农民创业影响的作用机制研究［J］.财经研究，2018，44（1）：4－19.

［64］李翔.农民工返乡创业的多维分析和体系构建［J］.农业经济，2009（11）：45－47.

［65］李雪灵，马文杰，姚一玮.转型经济创业研究现状剖析与体系构建［J］.外国经济与管理，2010，32（4）：1－8.

［66］李政，邓丰.面向创业型经济的创业政策模式与结构研究［J］.外国经济与管理，2006（6）：26－33.

［67］李梓维.新时代退役军人创业突出问题与对策研究——以湖北省Z县为例［D］.武汉：华中师范大学经济与工商学院，2020.

［68］梁祺，王影.生涯适应力、创业激情和创业意愿关系研究［J］.科学学与科学技术管理，2016，37（1）：162－170.

［69］林丽鹏.激发市场活力　支持市场主体发展［N］.人民日报，2022－01－28（4）.

［70］林龙飞，陈传波.中国创业政策40年：历程回顾与趋向展望［J］.经济体制改革，2019（1）：9－15.

［71］林强，姜彦福，张健.创业理论及其架构分析［J］.经济研究，2001（9）：85－94，96.

［72］刘刚，张再生，吴绍玉，等.我国创业政策体系探索性分析：行动逻辑与策略选择［J］.经济问题，2016（6）：13－18.

［73］刘光明，宋洪远.外出劳动力回乡创业：特征、动因及其影响——对安徽、四川两省四县71位回乡创业者的案例分析［J］.中国农村经济，2002（3）：65－71.

［74］刘军.我国创业政策体系构建的理论探讨［J］.山东社会

科学，2015（5）：155 - 159.

[75] 刘美玉．创业动机、创业资源与创业模式：基于新生代农民工创业的实证研究 [J]．宏观经济管理，2013（5）：62 - 70.

[76] 刘唐宇．福建省农民工回乡创业的调查与思考 [J]．福建农林大学学报（哲学社会科学版），2009，12（5）：16 - 23.

[77] 刘小春，李婵，朱红根．农民工返乡创业扶持政策评价及其完善——基于江西省 1145 个返乡农民工调查数据 [J]．农村经济，2011（6）：101 - 104.

[78] 刘影．创业环境、创业能力与农民创业绩效关系研究——基于陕西省 223 个农民创业企业的实证分析 [D]．咸阳：西北农林科技大学经济管理学院，2015.

[79] 刘宇娜，张秀娥．金融支持对新生代农民工创业意愿的影响分析 [J]．经济问题探索，2013（12）：115 - 119.

[80] 刘志荣，姜长云．关于农民创业发展的文献综述——以西部地区农民创业为重点 [J]．宏观经济研究，2008（66）：37 - 47.

[81] 刘志阳，李斌．乡村振兴视野下的农民工返乡创业模式研究 [J]．福建论坛（人文社会科学版），2017（12）：17 - 23.

[82] 陆园园．杰恩·巴尼：现代企业资源观之父 [N]．学习时报，2013 - 08 - 12（6）.

[83] 吕惠明．返乡农民工创业模式选择研究——基于浙江省的实地调查 [J]．农业技术经济，2016（10）：12 - 19.

[84] 罗明忠，陈明．人格特质、创业学习与农民创业绩效 [J]．中国农村经济，2014（10）：62 - 75.

[85] 马红玉，王转弟．社会资本、心理资本对农民工创业绩效影响研究——基于陕西省 889 份农户调研数据 [J]．农林经济管理学报，2018，17（6）：738 - 745.

[86] 马天女，路京京，王西．创业型经济发展与城乡收入差距——基于不同创业类型的探讨 [J]．经济问题探索，2021（10）：

27 – 34.

［87］马忠新，陶一桃．企业家精神对经济增长的影响［J］．经济学动态，2019（8）：86 – 98.

［88］明秀南．制度环境、创业与经济增长［J］．财经问题研究，2016（4）：11 – 17.

［89］牟小刚．中国稀土产业出口贫困化增长研究［M］．北京：中国经济出版社，2017.

［90］倪星，薛天乐，马珍妙．创新创业、政府扶持与地区经济增长——基于广东省21个地级以上市面板数据的分析［J］．学术研究，2020（8）：50 – 58，177，2.

［91］宁德鹏，葛宝山．我国大学生创业政策满意度分析——基于全国百所高校的实证研究［J］．社会科学家，2017（5）：76 – 81.

［92］农业农村部乡村产业发展司．全国返乡入乡创业就业典型模式［EB/OL］．（2021 – 03 – 31）［2021 – 11 – 15］．http：//www.xccys. moa. gov. cn/gzdt/202103/t20210331_6364968. htm.

［93］齐峰．构建完善的农民工返乡创新创业支撑体系［N］．光明日报，2018 – 06 – 07（15）.

［94］卿涛，古银华．"三维一体"创业政策评估体系的构建与应用［J］．中国劳动，2014（11）：4 – 7.

［95］芮正云，方聪龙．新生代农民工创业韧性的影响机理研究——基于创业资本维度的作用差异视角［J］．社会科学，2017（5）：54 – 60.

［96］芮正云，史清华．中国农民工创业绩效提升机制：理论模型与实证检验——基于"能力 – 资源 – 认知"综合范式观［J］．农业经济问题，2018（4）：108 – 120.

［97］陕西省市场监督管理局登记指导处．2021年我省市场主体稳步增长 新登记企业数量创历史新高［EB/OL］．（2022 – 01 – 14）［2022 – 01 – 30］．http：//snamr. shaanxi. gov. cn/info/1519/13306. htm.

［98］沈超红．创业绩效结构与绩效形成机制研究［D］．杭州：浙江大学管理学院，2006．

［99］石丹淅，王轶．乡村振兴视域下农民工返乡创业质量影响因素及其政策促进［J］．求是学刊，2021，48（1）：90－101．

［100］石智雷，谭宇，吴海涛．返乡农民工创业行为与创业意愿分析［J］．中国农村观察，2010（5）：25－37．

［101］苏晓华，郑晨，李新春．经典创业理论模型比较分析与演进脉络梳理［J］．外国经济与管理，2012，34（11）：19－26．

［102］孙道助，王圆圆．农民工返乡创业对区域经济发展的影响［J］．阜阳师范大学学报（自然科学版），2020，37（4）：93－97．

［103］檀学文，胡拥军，伍振军，等．农民工等人员返乡创业形式发凡［J］．改革，2016（11）：85－98．

［104］唐海仕，姜国俊．基于MOS模型的大学生创业政策环境评价指标体系构建研究［J］．创新与创业教育，2012，3（3）：7－11．

［105］田贤鹏．高校创新创业教育政策实施满意度调查研究——基于在校学生的立场［J］．高教探索，2016（12）：111－117．

［106］汪昕宇，陈雄鹰，邹建刚，等．我国农民工返乡创业影响因素研究的回顾与展望［J］．北京联合大学学报（人文社会科学版），2018，16（3）：86－99．

［107］王国斌．着力培育农村创新创业人才［N］．人民日报，2021－10－22（5）．

［108］王辉，朱健．农民工返乡创业意愿影响因素及其作用机制研究［J］．贵州师范大学学报（社会科学版），2021（6）：79－89．

［109］王良健，罗飞．基于农民满意度的我国惠农政策实施绩效评估——以湖南、湖北、江西、四川、河南省为例［J］．农业技术经济，2010（1）：56－63．

［110］王林昌．非公有制经济管理——个体私营经济管理概论［M］．武汉：武汉大学出版社，1998．

[111] 王琦，陈金英．重庆市农民工回乡创业政策支持体系研究 [J]．安徽农业科学，2011，39（5）：3123-3125，3128.

[112] 王胜利，何小勇．农民工返乡创业动力机制及其影响因素分析 [J]．农业经济，2011（6）：54-56.

[113] 王向华，赵莎莎．农民工返乡创业不断升温　去年省内返乡人员创办企业或经济实体数为25.84万个 [N]．陕西工人报，2018-12-04（1）.

[114] 王延中，江翠萍．农村居民医疗服务满意度影响因素分析 [J]．中国农村经济，2010（8）：80-87.

[115] 王延中．加入WTO对中国工业就业的影响及对策 [J]．中国工业经济，2002（5）：31-35.

[116] 王叶军．创业活力对城市经济增长的影响 [J]．浙江社会科学，2019（2）：11-18，27.

[117] 王玉帅，黄娟，尹继东．创业政策理论框架构建及其完善措施——创业过程的视角 [J]．科技进步与对策，2009，26（19）：112-115.

[118] 王转弟，马红玉．创业环境、创业精神与农村女性创业绩效 [J]．科学学研究，2020，38（5）：868-876.

[119] 魏凤，闫芃燕．西部返乡农民工创业模式选择及其影响因素分析——以西部五省998个返乡农民工创业者为例 [J]．农业技术经济，2012（9）：66-74.

[120] 文亮，李海珍．中小企业创业环境与创业绩效关系的实证研究 [J]．系统工程，2010，28（10）：67-74.

[121] 文亮，刘炼春，何善．创业政策与创业绩效关系的实证研究 [J]．学术论坛，2011，34（12）：128-131，168.

[122] 邬爱其，刘一惠，宋迪．区域创业生态系统对农民创业绩效的影响——来自浙江省的经验证据 [J]．农业技术经济，2021（1）：105-116.

[123] 吴昌华，邓仁根，戴天放，等．基于微观视角的农民创业模式选择 [J]．农村经济，2008 (6)：90 – 92.

[124] 吴克强，赵鑫，谢玉，等．创业韧性对农民工返乡创业绩效的作用机制：一个有调节的中介模型 [J]．世界农业，2021 (5)：101 – 116.

[125] 吴明隆．问卷统计分析实务——SPSS 操作与应用 [M]．重庆：重庆大学出版社，2010.

[126] 吴溪溪，吴南南，马红玉．社会资本、创业自我效能感与农民工创业绩效研究——基于陕西省 722 份调研问卷 [J]．世界农业，2020 (1)：108 – 117.

[127] 夏敏，孙洁，邹伟，等．基于四分图模型的土地整理农民满意度评价——以江苏省涟水县为例 [J]．江西农业学报，2013，25 (12)：124 – 127.

[128] 向赛辉，孙永河．政府支持对高层次人才创业绩效影响机制研究 [J]．科技进步与对策，2021，38 (15)：143 – 150.

[129] 肖潇，汪涛．国家自主创新示范区大学生创业政策评价研究 [J]．科学学研究，2015，33 (10)：1511 – 1519.

[130] 熊智伟．返乡农民工创业失败影响因素比较研究——基于我国中部 5 省微观调查数据 [J]．调研世界，2018 (7)：19 – 25.

[131] 徐颖文．"放管服" 改革向纵深推进　陕西市场主体活力更足 [N]．陕西日报，2022 – 02 – 10 (6).

[132] 许士道，江静．创业活力、创新能力与城市经济发展效率——基于 283 个地级市数据的实证检验 [J]．山西财经大学学报，2021，43 (3)：1 – 13.

[133] 薛浩，陈桂香．大学生创业扶持政策评价体系构建研究 [J]．国家教育行政学院学报，2016 (3)：14 – 19.

[134] 严爱玲，江宏仙，郑书莉．乡村振兴视域下的互联网金融对新农人创业绩效的影响——基于安徽省调研数据的分析 [J]．南

京审计大学学报，2020，17（5）：103-111.

[135] 颜士梅，王重鸣. 创业的机会观点：存在、结构和构造思路 [J]. 软科学，2008（2）：1-3，17.

[136] 阳立高，廖进中，柒江艺. 加大财政扶持力度 促进农民工返乡创业 [J]. 财经理论与实践，2008（3）：56-59.

[137] 阳立高，廖进中，张文婧，等. 农民工返乡创业问题研究——基于对湖南省的实证分析 [J]. 经济问题，2008（4）：85-88.

[138] 杨俊，张玉利. 基于企业家资源禀赋的创业行为过程分析 [J]. 外国经济与管理，2004（2）：2-6.

[139] 姚梅芳，马鸿佳. 生存型创业与机会型创业比较研究 [J]. 中国青年科技，2007（1）：37-43.

[140] 姚梅芳. 基于经典创业模型的生存型创业理论研究 [D]. 长春：吉林大学管理学院，2007.

[141] 姚雪青. 让农民返乡创业更有底气 [N]. 人民日报，2020-10-12（5）.

[142] 易朝辉，夏清华. 创业导向与大学衍生企业绩效关系研究——基于学术型创业者资源支持的视角 [J]. 科学学研究，2011，29（5）：735-744.

[143] 尹志超，宋全云，吴雨，等. 金融知识、创业决策和创业动机 [J]. 管理世界，2015（1）：87-98.

[144] 余绍忠. 创业绩效研究述评 [J]. 外国经济管理，2013，35（2）：34-42，62.

[145] 郁静娴. 去年返乡入乡创业创新人员达1010万，比2019年增加160万人 [N]. 人民日报，2021-03-16（14）.

[146] 约瑟夫·熊彼特. 经济发展理论 [M]. 北京：商务印书馆，1990.

[147] 张钢，牛志江. 基于生命周期视角的创业政策关键要素探究 [J]. 科学学与科学技术管理，2009，30（5）：68-72.

[148] 张珺. 青年创业意愿、困境与对策 [J]. 中国青年研究, 2013 (3): 80 - 84.

[149] 张立新, 林令臻, 孙凯丽. 农民工返乡创业意愿影响因素研究 [J]. 华南农业大学学报 (社会科学版), 2016, 15 (5): 65 - 77.

[150] 张龙鹏, 蒋为, 周立群. 行政审批对创业的影响研究——基于企业家才能的视角 [J]. 中国工业经济, 2016 (4): 57 - 74.

[151] 张若瑾. 创业补贴、小额创业贷款政策对回流农民创业意愿激励实效比较研究——一个双边界询价的实证分析 [J]. 农业技术经济, 2018 (2): 88 - 103.

[152] 张思阳, 赵敏娟, 应新安, 等. 社会资本对农民工返乡创业意愿的影响效应分析——基于互联网嵌入视角 [J]. 农业现代化研究, 2020, 41 (5): 783 - 792.

[153] 张小顺. 乡村振兴战略视野下大学生创业与农村经济提升的互动关系研究 [J]. 农业经济, 2020 (4): 121 - 123.

[154] 张鑫. 社会资本和融资能力对农民创业的影响研究 [D]. 重庆: 西南大学经济管理学院, 2015.

[155] 张秀娥, 郭宇红. 农民工返乡创业的现实困境及其化解之策 [J]. 社会科学战线, 2012 (11): 244 - 246.

[156] 张秀娥, 马天女. 国外促进大学生创新创业的做法及启示 [J]. 经济纵横, 2016 (10): 98 - 101.

[157] 张秀娥, 孙中博, 韦韬. 新生代农民工返乡创业意愿的经济学思考 [J]. 学习与探索, 2013 (12): 117 - 121.

[158] 张秀娥, 孙中博. 返乡创业对新生代农民工市民化的推进作用 [J]. 东北师大学报 (哲学社会科学版), 2014 (2): 37 - 40.

[159] 张秀娥, 孙中博. 新生代农民工返乡创业与政府支持体系建设 [J]. 求是学刊, 2013, 40 (5): 50 - 55.

[160] 张秀娥, 王冰, 张铮. 农民工返乡创业影响因素分析 [J].

财经问题研究，2012（3）：117-122.

[161] 张玉利，杨俊. 试论创业研究的学术贡献及其应用 [J].外国经济与管理，2009，31（1）：16-23.

[162] 张志锋. 返乡入乡创业带动乡村振兴 [N]. 人民日报，2020-5-8（5）.

[163] 赵德昭. 农民工返乡创业绩效的影响因素研究 [J]. 经济学家，2016（7）：84-91.

[164] 赵都敏，李剑力. 创业政策与创业活动关系研究述评 [J].外国经济与管理，2011，33（3）：19-26.

[165] 赵莉晓. 创新政策评估理论方法研究——基于公共政策评估逻辑框架的视角 [J]. 科学学研究，2014，32（2）：195-202.

[166] 郑风田，孙谨. 从生存到发展——论我国失地农民创业支持体系的构建 [J]. 经济学家，2006（1）：54-61.

[167] 郑少锋，郭群成. 返乡农民工创业决策的影响因素——基于重庆市6个镇204个调查样本数据的分析 [J]. 华南农业大学学报（社会科学版），2010，9（3）：9-15.

[168] 郑秀梅，王海燕，宋亚辉. "双创" 与经济发展——基于多层次模糊综合评价法的实证研究 [J]. 科技管理研究，2019，39（24）：78-84.

[169] 钟王黎，郭红东. 农民创业意愿影响因素调查 [J]. 华南农业大学学报（社会科学版），2010，9（2）：23-27.

[170] 周必彧，王婷婷. 农村女性创业绩效影响因素研究——以个性化气质的视角 [J]. 浙江工业大学学报（社会科学版），2021，20（1）：82-89.

[171] 周冬梅，陈雪琳，杨俊，等. 创业研究回顾与展望 [J].管理世界，2020，36（1）：206-225，243.

[172] 周菁华. 农民创业绩效的影响因素分析——基于366个创业农民的调查数据 [J]. 江西财经大学学报，2013（3）：77-84.

[173] 朱红根, 陈昭玖, 张月水. 农民工返乡创业政策满意度影响因素分析 [J]. 商业研究, 2011 (2): 143 - 148.

[174] 朱红根, 解春艳. 农民工返乡创业企业绩效的影响因素分析 [J]. 中国农村经济, 2012 (4): 36 - 46.

[175] 朱红根, 康兰媛. 金融环境、政策支持与农民创业意愿 [J]. 中国农村观察, 2013 (5): 24 - 33.

[176] 朱红根, 康兰媛. 农民工创业动机及对创业绩效影响的实证分析——基于江西省 15 个县市的 438 个返乡创业农民工样本 [J]. 南京农业大学学报 (社会科学版), 2013, 13 (5): 59 - 66.

[177] 朱红根, 梁曦. 农民创业动机及其对农民创业绩效影响分析 [J]. 农林经济管理学报, 2017, 16 (5): 643 - 651.

[178] 朱红根, 梁曦. 制度环境、创业氛围与农民创业成长 [J]. 农业经济与管理, 2018 (2): 27 - 36.

[179] 朱红根, 刘磊, 康兰媛. 创业环境对农民创业绩效的影响研究 [J]. 农业经济与管理, 2015 (1): 15 - 25.

[180] 朱红根. 政策资源获取对农民工返乡创业绩效的影响——基于江西调查数据 [J]. 财贸研究, 2012, 23 (1): 18 - 26.

[181] 朱明芬. 农民创业行为影响因素分析——以浙江杭州为例 [J]. 中国农村经济, 2010 (3): 25 - 34.

[182] 朱鹏. 创业绩效: 理论溯源与研究进路 [J]. 求索, 2020 (6): 157 - 166.

[183] Ahlstrom D, Bruton G D. An institutional perspective on the role of culture in shaping strategic actions by technology focused entrepreneurial firms in China [J]. Entrepreneurship Theory and Practice, 2002 (4): 53 - 69.

[184] Ardichvili A, et al. A theory of entrepreneurial opportunity identification and development [J]. Journal of Business Venturing, 2003, 18 (1): 105 - 123.

［185］ Autio E, Nambisan S, Thomas L D W. Wright, M. Digital affordances, spatial affordances, and the genesis of entrepreneurial ecosystems ［J］. Strategic Entrepreneurship Journal, 2018, 12 （1）: 72 -95.

［186］ Baumol W. Entrepreneurship: productive, unproductive, and destructive ［J］. Journal of Political Economy, 1990, 98 （5）: 893 -921.

［187］ Begley T M, Boyd D P. A comparison of entrepreneurs and managers of small business firms ［J］. Journal of Management, 1987a, 13 （1）: 99 -108.

［188］ Begley T M, Boyd D P. Psychological characteristics associated with performance in entrepreneurial firms and smaller businesses ［J］. Journal of Business Venturing, 1987b, 2 （1）: 79 -93.

［189］ Beugelsdijk S, Noorderhaven N. Entrepreneurial attitude and economic growth: A cross-section of 54 regions ［J］. Annals of Regional Science, 2004, 38 （2）: 199 -218.

［190］ Bhavve M P. A process model of entrepreneurial venture creation ［J］. Journal of Business Venturing, 1994, 9 （3）: 223 -242.

［191］ Borman W C, Motowidlo S M. Expanding the criterion domain to include elements of contextual performance ［M］. Jossey – Bass, 1993.

［192］ Casson M. The Entrepreneur: An Economic Theory ［M］. Totowa, NJ: Barnes &Noble Boos, 1982.

［193］ Chandler G N, Hanks S H. Market attractiveness, resource-based capabilities, venture strategies, and venture performance ［J］. Journal of Business Venturing, 1994, 9 （4）: 331 -349.

［194］ Chrisman J J, Bauerschmitdt A, Hofer C W. The determinants of new venture performance: An extended model ［J］. Entrepreneurship Theory and Practice, 1998, 23: 5 -30.

［195］ Ciavarella, et al. The Big Five and venture survival: Is there a linkage ［J］. Journal of Business Venturing, 2004, 19: 465 -483.

［196］ Drucker P F. Innovation and entrepreneurship： practice and principles ［M］. New York： Harper and Row, 1985.

［197］ Evans D S, B Jovanovic. Some empirical aspects of entrepreneurship ［J］. American Economic Review, 1989, 79： 367 – 397.

［198］ Gartner W B. A conceptual framework for describing the phenomenon of new venture creation ［J］. Academy of Management Review, 1985, 10 （4）： 696 – 706.

［199］ Goswami K, Mitchell J R, Bhagavatula S. Accelerator expertise： Understanding the intermediary role of accelerators in the development of the Bangalore entrepreneurial ecosystem ［J］. Strategic Entrepreneurship Journal, 2018, 12 （1）： 117 – 150.

［200］ Holcombe R. The origins of entrepreneurial opportunities ［J］. The Review of Austrian Economics, 2003, 16 （1）： 25 – 43.

［201］ Hunt, Adams. Entrepreneurial behavioral profiles and company performance： a crosscultural comparison ［J］. International Journal of Commerce Management, 1985, 8 （2）： 33 – 49.

［202］ Kirzner I. Competition and entrepreneurship ［M］. Chicago： The University of Chicago Press, 1973.

［203］ Kirzner I. Entrepreneurial discovery and competitive market process： An Austrian approach ［J］. Journal of Economic Literature, 1997, 35 （1）： 60 – 85.

［204］ Libenstein H. General x-efficiency and economic development ［M］. New York： Oxford University Press, 1978.

［205］ Lumpkin G T, Dess G G. Linking two dimensions of entrepreneurial orientation to firm performance ： The moderating role of environment and industry life cycle ［J］. Journal of Business Venturing, 2001, 16 （5）： 429 – 451.

［206］ Mitchell R K, Busenitz L, Lant T, et al. Entrepreneurial cognition theory: rethinking the people side of entrepreneurship research [J]. Entrepreneurship Theory and Practice, 2002, 27 (2): 93 – 104.

[207] Norman. Toward an adequate taxonomy of personality attributes: Replicated factor structure in peer nomination personality ratings [J]. Journal of Abnormal and Social Psychology, 1963, 66: 574 – 583.

[208] Robinson K C. An examination of the influence of industry structure on eight measures of new venture performance for high potential in dependent new ventures [J]. Journal of Business Venturing, 1998, 14 (2): 165 – 187.

[209] Sahlman W A, et al. The entrepreneurial venture: Readings selected [M]. Boston, MA: Harvard Business School Press, 1999.

[210] Sandberg W R, Hofer C W. Improving new venture performance: The role of strategy, industry structure, and the entrepreneur [J]. Journal of Business Venturing, 1987, 2 (1): 5 – 28.

[211] Sarasvathy S D. Causation and effectuation: Toward a theoretical shift from economic inevitability to entrepreneurial contingency [J]. Academy of Management Review, 2001, 26 (3): 243 – 263.

[212] Shane S, Ventakaraman S. The promise of entrepreneurship as a field of research [J]. Academy of Management Review, 2000, 25 (1): 217 – 226.

[213] Stevenson Lois, lundstrom Anders. Entrepreneurship policy for the future [J]. Swedish Foundation For Small Business Research, 2001 (1): 123 – 138.

[214] Stevenson H H, Gumpert D E. The heart of entrepreneurship [J]. Harvard Business Review, 1985, 85 (2): 85 – 94.

[215] Timmons J A. New venture creation (5th Ed) [M]. Singapore: McGraw-Hill, 1999.

[216] Venkatraman N, Ramanujam V. Measurement of business per-

formance in strategy research: A comparison of approaches [J]. Academy of Management Review, 1986, 11 (4): 801 – 814.

[217] Weber. Entrepreneurial Characteristics and Behaviours: A Profile of Similarities and Differences [J]. International Small Business Joural, 1990, 2 (4): 87 – 88.

[218] Wernerfelt B. A resource – based view of the firms [J]. Strategic Management Journal, 1984, 5 (2): 171 – 180.

[219] Wickham P A. Strategic Entrepreneurship [M]. New York: Pitman Publishing, 1998.

后　记

本书为我 2020 年承担的陕西省社会科学基金项目研究成果，立项号：2020D012。该项目于 2020 年 9 月立项，经过我近 3 年的辛苦付出，同时在众多专家学者的指导帮助下，本书终于付梓。本书的问世，将激励自己在漫长的科研道路上继续慎思笃行。

在本书出版之际，感谢中共汉中市委党校（汉中市行政学院）的大力支持，感谢我的哥哥牟小军在繁忙工作之余给予的悉心指导和专著写作过程中提出的建设性意见。同时，感谢我的侄女牟伊瑶（西北农林科技大学创新实验学院）和同事魏瑞（中共城固县委党校）同志给予课题调研及资料分析的大力支持。

感谢父母对我的家庭的辛苦付出，感谢妻子万华丽给予我的大力支持和默默陪伴，感谢女儿、儿子给我带来的欢乐和笑声，他（她）们是我最大的幸福和安慰。最后，感谢经济科学出版社的各位编辑为本书顺利出版提供的支持与帮助。

在本书写作过程中，我对引用的资料、数据、前人研究成果尽可能在书中进行了标注，并在此表示感谢。如有遗漏，敬请谅解。

牟小刚

2022 年 5 月